Flower A. Newhouse • Stephen Isaac
Die sieben Körper des Menschen

DIE 7 KÖRPER DES MENSCHEN

Flower A. Newhouse • Stephen Isaac

Aquamarin Verlag

2. Auflage 2004

Voglherd 1 • D-85567 Grafing

Übersetzung aus dem Englischen : Dr. Edith Zorn
Umschlaggestaltung: Annette Wagner

Druck: Ebner & Spiegel, Ulm
ISBN 3-89427-144-2

INHALTSVERZEICHNIS

VORWORT

Wir leben in einem sterblichen Körper und neigen dazu, in ihm unsere Persönlichkeit zu sehen, die widerspiegelt, wer und was wir sind, so als würde dieser Körper nicht allein nur unseren physischen Zustand ausdrücken, sondern auch unsere Emotionen, unseren Verstand und unseren Geist offenbaren. Die Frage erhebt sich, ob der physische Körper mit seinen verschiedenen Anlagen eine Ganzheit in sich selbst darstellt oder ob der Mensch nicht ein weitaus komplexeres Wesen ist. Letztlich steht die Menschheit vor der nicht zu verdrängenden Tatsache des Todes und der schwerwiegenden Frage: »Was überlebt ihn?« Der religiöse Mensch glaubt an ein Weiterleben der Seele jenseits des Grabes. Doch es gibt Beweise, die dafür sprechen, dass mehr als nur die Seele daran beteiligt ist. 1902 veröffentlichte der große Seher C.W. Leadbeater sein Werk »Der sichtbare und der unsichtbare Mensch«. Bei Betrachtung der menschlichen Aura hatte er eine Verschmelzung von sieben Körpern beobachtet, die einander in aufsteigenden Lichthüllen umgeben. Später ließ er eine kleinere Arbeit unter dem Titel »Das höhere Selbst« folgen.

Wenig ist seit dem Erscheinen von Leadbeaters Klassikern im vergangenen Jahrhundert über dieses Thema geschrieben worden, doch glücklicherweise stießen die Herausgeber der Schriften einer anderen begnadeten Seherin, der amerikanischen Mystikerin Flower A. Newhouse, auf ähnliches Material.

Ebenso wie Leadbeater beobachtete auch sie die siebenfache Natur des menschlichen Wesens. Sie vermochte die verschiedenen Zustände zu lesen, indem sie Bereiche entdeckte, die der Heilung oder Kräftigung bedurften, aber auch solche, die bemerkenswerte Eigenschaften und Errungenschaften einer bestimmten Person enthüllten. Flower lehrte, dass die vollständige Aura eines Individuums nicht nur aus sieben Körpern besteht, sondern eine Summe seiner Eigenschaften, seines Karmas und seiner unerledigten Aufgaben darstellt. Sie bemerkte, dass Engel, die mit einer Person arbeiteten, mit einem Blick ein in Einzelheiten gehendes Bild ihres menschlichen Schützlings zu erfassen vermochten, so aufschlussreich ist die Aura.

Anhand der Aura vermochte Flower diejenigen, die ihre Schüler wurden, zu verstehen und zu unterstützen. Ihr Wahrnehmungsvermögen versetzte sie in die Lage, die Reife und Stärke einer älteren Seele zu erkennen oder die Abwehr eines Neulings aufzulösen, ihn auf den richtigen Pfad zu bringen und seinen Fortschritt zu fördern.

Die sieben höheren Körper bilden die Brücke zwischen einer nüchternen Vorstellung von der Erdenwelt und den lichterfüllten göttlichen Reichen. Die vorliegende Arbeit versucht diese sieben Wesensglieder des Menschen genau zu erklären und zu beschreiben.

Dr. Stephen Isaac

Das Werk von Flower A. Newhouse wird heute in dem von ihr und ihrem Mann Lawrence 1940 gegründeten Zentrum »Questhaven« fortgesetzt. Dieses liegt in weitgehend unberührter Natur knapp fünfzig Kilometer nördlich von San Diego in Südkalifornien. Dort können in der Akademie ihre Schriften studiert werden, da eine Reihe von Gästehäusern Raum für Besucher gibt.

KAPITEL 1

DER PHYSISCHE KÖRPER

In jedem Menschen ruht eine göttliche Bestimmung, die mit der Erschaffung seines inneren Gottesfunkens begann. Diese Gottesflamme oder Monade birgt das Geschick einer jeden Seele, die sich auf Erden inkarniert und im Laufe vieler Inkarnationen entwickelt, bis sie als vollkommenes Wesen wieder zu ihrem Ursprung zurückkehrt. Um diese zeitlose Wanderung zu unternehmen, schuf der Geist für jedes Individuum sieben in aufsteigender Reihenfolge angeordnete Körper - den physischen, ätherischen, astralen, mentalen, kausalen oder Seelenkörper, die adonaische und die monadische Hülle. Die Zahl sieben ist eine heilige Zahl, die auch als »Zahl der Erde« gilt. Das durch ein Prisma scheinende Sonnenlicht teilt sich in sieben Farben auf; in den inneren Welten gibt es sieben Dimensionen und im Rad der Inkarnation sieben Strahlen.

Diese sieben Seinsebenen sind die Widerspiegelung des innewohnenden Gottesgeistes, der jede dieser Ebenen, auch Körper oder Träger genannt, durchdringt und durchströmt. Sie dienen alle gleichermaßen der geistigen Bestimmung, aber nur der Geist ist unsterblich, besitzt seine ewige Vollkommenheit in Gott. Eines der Hauptziele der Erfahrungen auf dem Pfad der Erleuchtung besteht darin, das Individuum für die Bedürfnisse und verschiedenen Ausdrucksformen des Geistes auf mentaler, emotionaler, energetischer und physischer Ebene zu erwecken.

Wir beginnen also mit der irdischen Hülle, die gesund und vernünftig funktionieren muss. Vom esoterischen Standpunkt aus gesehen, gehen wir die Gesundheit und das körperliche Wohlbefinden selbstverständlich von innen nach außen an, von oben nach unten. Andernfalls begehen wir Fehler, deren Berichtigung eine beachtliche Zeit in Anspruch nehmen würde. Wenn es um den physischen Körper geht, dürfen wir uns keine Abkürzungen erlauben. Sollte uns ein gesundheitliches Problem übermannen, müssen wir zurückgehen und von vorne beginnen. Dabei sollten wir den Heilungsanweisungen des innewohnenden Gottesfunkens entsprechen und gewissenhafte Gebetsarbeit leisten sowie unsere Einstellung ändern.

Indem er seine verschiedenen Körper Form annehmen lässt, setzt der Gottesgeist seiner eigenen Rückkehr zur Vollkommenheit bewusst Grenzen, um die in jeder dieser Hüllen steckenden Erfahrungswerte aufzunehmen. Er sieht in diesen Körpern Kräfte, die das Verständnis und die Weisheit, die das Leben bietet, bereichern. Wir unsererseits sollten den Geist zu würdigen wissen, der uns ins Dasein rief und uns alle diese Gelegenheiten gewährt, die das Abenteuer der Inkarnation ermöglicht.

Menschen, die sich über Gebühr um ihren Körper sorgen, vielleicht weil sie das äußere Erscheinungsbild überbewerten, legen allzu großen Wert auf die Sorglosigkeit und Annehmlichkeiten des physischen Lebens. Aber wenn wir den geistigen Anweisungen Beachtung schenken, dann geht es einzig und allein um unseren Fortschritt auf dem Weg in die ewige Heimat. Wohlbehagen zählt dann nicht mehr. Wir sammeln positive Erfahrungen, wenn wir positiv reagieren. Diese Erkenntnis zeigt, wie wichtig unsere Entscheidungen sind. Alle unsere Körper verdienen gleichermaßen unsere Aufmerksamkeit, denn keiner ist wichtiger als der andere. Eine Ausnahme allerdings bildet der innewohnende Gottesfunken, der als Ganzes seine Teile übertrifft.

Doch selbst wenn wir nicht nach Annehmlichkeiten trachten und Sinnenfreuden nachjagen, müssen wir uns mit dieser physischen Hülle auseinandersetzen. Der irdische Körper funktioniert nach völlig anderen Gesetzen und Regeln als der emotionale und mentale, die Seele und der Adonai. Im Laufe unseres Fortschritts lernen wir die Gesetzmäßigkeit einer jeden Dimension sowie die Art und Weise, wie wir Korrekturen vornehmen und uns einfügen können. Denn nur der allgegenwärtige innere Gottesfunke vermag die einzelnen Körper und ihre Fähigkeiten zu vereinen, zu heilen und zu transformieren.

Um einen gesunden Körper zu erlangen, müssen bestimmte Kriterien beachtet werden. Unser Streben nach Gesundheit sollte uns nicht völlig vereinnahmen, da unser körperliches Wohlergehen lediglich einen Teilaspekt unserer Ganzheit darstellt. Eine Überbetonung wäre einseitig, so als würde man nur eine einzelne Farbe des Lichtspektrums betrachten.

Sonnenschein und frische Luft gehören zu den wesentlichsten Grundbestandteilen. Hinzu kommen reines Wasser, eine gesunde Ernährung, Hygiene, Körperübungen sowie ausreichend Schlaf und Entspannung. Letzteres gibt unserem Alltag die Würze und schenkt ihm Heiterkeit.

Der ernsthaft Suchende sollte sich davor hüten, einen bestimmten Aspekt besonders hervorzuheben. Dies ist eine schwierige, aber unerlässliche Aufgabe. Es kann leicht zur Marotte werden, sich an einer bestimmen Diät und gewissen Vitaminpräparaten oder Körperübungen festzuhalten. Entscheidend für ein spirituelles Leben ist das Gleichgewicht, das sich nur dann einstellt, wenn alle Körper gleichermaßen ausgerichtet und integriert sind. Erst dann können wir von einer fruchtbaren Zusammenarbeit und harmonischen Verbindung unseres gesamten Seins sprechen, wobei die treibenden Kräfte sich nicht immer die Waage halten müssen, sondern der jeweiligen Notwendigkeit entsprechen können. Für eine gute Gesundheit spielt zum Beispiel die psychische Einstellung eine weitaus wichtigere Rolle als ein strikter Ernährungsplan. Das liegt daran, dass wir zur Führung und Transformierung unserer physischen Form unsere mentalen Fähigkeiten einsetzen, ein Prozess, der durch unsere Vorstellungskraft und unsere Selbstdisziplin beschleunigt wird. Mit der Zeit werden wir intuitiv wissen, was unser irdischer Körper für sein ausgewogenes Wohlbefinden benötigt.

Meditation fördert und sichert in ganz besonderem Maße unsere physische Gesundheit. In dem Moment, da wir uns positiv darauf einstellen, sind Physis und Bewusstsein eins, und unsere Aufmerksamkeit ist fehlerlos und vorurteilsfrei. Dies hat zur Folge, dass eine Energiewelle von unserem Bewusstsein in unserer physisches Sein strömt, was sich körperlich in Form von Wärme oder einem prickelnden Gefühl bemerkbar machen kann, das vom Herzen durch unsere Arme bis zu den Fingerspitzen zieht. Bisweilen mag es geschehen, dass völlig unerwartet ein rasch pulsierender Strom durch unsere Wirbelsäule jagt und Wogen der Erneuerung in unser gesamtes Sein fließen, was uns belebt und erfrischt. Es kann auch geschehen, dass sich einfach nur ein Gefühl von stiller Gewissheit und Wohlbefinden einstellt.

Von allen unseren Körpern besitzt der physische die meisten Begrenzungen und bedarf großer Wachsamkeit und weiser Sorgfalt, die nichts für selbstverständlich erachtet und jegliche Einseitigkeit vermeidet. Unsere irdische Hülle ist der Tempel des innewohnenden Gottes, und als gute Verwalter sollen wir diesen Tempel in makelloser Ordnung halten. Hinzu kommt, dass wir durch den täglichen Umgang mit unserem Körper lernen, was gut für ihn ist und was nicht. Diese Erfahrungen und das daraus gewonnene Wissen können wir dann unseren Mitmenschen vermitteln, denen wir begegnen und die der Hilfe bedürfen. Die gegenseitige Unterstützung verbindet uns und bringt jene Art der Liebe zum Ausdruck, die Christus vorgelebt und damit ein Beispiel für zukünftige Generationen gesetzt hat.

KAPITEL 2
DER ÄTHERKÖRPER

Der Ätherkörper, den ein hellsichtiger Menschen wahrnehmen kann, liegt der physischen Hülle am nächsten. Er ist sein genaues Doppel und passt sich ihm wie ein Handschuh an. Er besitzt eine Breite von etwa einem halben bis einem Zentimeter und weist bei einem gesunden Individuum eine Ausstrahlung von weiteren acht bis zwanzig Zentimetern auf. Seine Hauptfunktion besteht darin, den Menschen mit Lebensenergie zu versorgen. Die Verbindung zwischen dem physischen und dem ätherischen Körper bildet eine so vollkommene Einheit, dass sie oft als eins betrachtet werden. In unserer Vorstellung können wir sie insofern als einen einzigen Körper behandeln, als die Ätherhülle, die den physischen Träger durch die ständige Energiezufuhr am Leben erhält, diesen durchdringt. Bei einem gesunden Menschen ändert sich ihre Farbe von einem silbrig weißen Glanz bis zu einem lebendigen Rosa. Wenn jemand erkrankt ist oder in einer ungesunden Umgebung lebt, tauchen graue Schattierungen auf. Bei ernsthafter Erkrankung sieht man dunklere Bereiche, Flecken von schlammigem Braun oder Schwarz.

Dort, wo im physischen Körper die Drüsen und Lebensorgane angesiedelt sind, findet man im Ätherkörper die sieben Hauptenergiezentren oder Chakras. Drei verschiedene Quellen versorgen diese Chakras mit Energie, das göttliche Selbst oder die Monade, die von dem ewigen Gottesgeist genährt wird, das Kundalini-Feuer des planetarischen Logos und das Prana, die vereinigte Strahlung der physischen und der geistigen Sonne. Das Sanskritwort Prana bedeutet auch »Lebensatem«. Die Atmung und damit eine Neubelebung des Blutes sind für die Auffüllung unserer Energiedepots unerläßlich.

Jeder geistig Suchende muss auf die Aktivität der Chakras, die von ausreichender Prana-Zufuhr abhängt, größten Wert legen. Auch hier gilt es, Extreme zu vermeiden und für ein ausgewogenes Gleichgewicht zu sorgen.

Bewegung unterstützt eine gute Körperkondition und garantiert bis zu einem gewissen Maße unsere Energieaufnahme. Überanstrengung jedoch schadet nur, denn anstatt unsere Energie zu vermehren, beginnt diese durch wundenähnliche Öffnungen aus der Ätherhülle zu sickern. Starke Emotionen im Astralkörper regen den Ätherkörper zwar an, aber wenn sie überhand nehmen oder zerstörerisch wirken, behindern sie den normalen Rhythmus der Chakras. Die Folge davon zeigt sich in einem Energieverlust, der zu Krankheiten führen kann. Stark negative Gedanken, die Ärger oder Furcht entspringen, wirken sich ganz besonders zerrüttend auf die Chakras aus, schwächen ihre Funktion und verursachen die Entleerung der Lebensquellen. Dies bedeutet oft eine Gefahr für die geistige und körperliche Gesundheit des Menschen und kann sogar in Tod oder Wahnsinn enden.

Eine der ersten Lektionen, die ein geistiger Schüler lernt, besteht in der Entwicklung von aufbauenden Gedanken- und Gefühlswerten. Richtlinien wie die zehn Gebote oder die Bergpredigt sowie die Lehren und Maxime der verschiedenen Weltreligionen basieren auf der Kultivierung gesunder und konstruktiver Denkungs- und Verhaltensweisen, was inzwischen unter dem Begriff des positiven Denkens allgemeine Anerkennung gefunden hat. Gedanken- oder Gefühlszustände, die den Energiefluss in unseren Chakras unterbrechen oder niederdrücken, müssen unbedingt überwunden und ins Gleichgewicht gebracht werden.

Der Ätherkörper wird über die Chakras mit Energie versorgt, die dann auf dem Wege unseres Nervensystems in den physischen Körper eintritt. In Form von Prana läuft sie die Nervenbahnen entlang und ermöglicht es diesem komplexen System, nicht nur die äußeren Reize weiterzuleiten, sondern auch als treibende Kraft für unsere Muskeltätigkeit und andere Reaktionsmechanismen zu wirken.

Die Erkenntnis, dass wir den Devas, die der Natur so selbstlos dienen, unendlichen Dank schulden, mag überraschen. Als unser physischer Körper geschaffen wurde, beteiligten sich diese Wesen an der Bildung unseres Nervensystems. Jede Beeinträchtigung dieses Aspekts unserer Anatomie ist für sie von Bedeutung. Ein Mensch, der unter nervlicher Unruhe leidet, findet daher in der Natur die besten Bedingungen zur Heilung vor.

Wenn der Energiepegel gesunken ist oder man aus irgendeinem anderen Grunde der Erneuerung bedarf, sollte man in die Natur gehen und sich mit dem Rücken an einen großen Baum lehnen. Langsam wird das Prana, das den Baum belebt, in die Ätherhülle eindringen und sie wieder ins Gleichgewicht bringen. Dieser Vorgang mag zehn bis zwanzig Minuten dauern, doch dann spürt man deutlich den Unterschied. Auch in diesem Falle bietet sich eine Gelegenheit für den Menschen, den Devas, die das Nervensystem gestalteten, seine Dankbarkeit zum Ausdruck zu bringen.

Ein sonnendurchwärmter Felsblock strahlt ebenfalls sanft diese Energie ab, wenn man sich gegen seine leuchtende Oberfläche lehnt. Nach wenigen Minuten wird man sich wunderbar entspannt und erfrischt fühlen.

Eine weitere Prana-Quelle ist fließendes Wasser. Stellen wir uns draußen in der Natur unter einen leichten Wasserfall, sollten wir daran denken, dass es die Sonnenwärme war, die das Wasser ursprünglich aus dem Meer zum Himmel emporzog. Die Lebendigkeit herabsprühenden Wassers setzt eine Energie frei, die erfrischt und belebt. Das gilt auch im Bereich der Körperhygiene. Zu duschen besitzt weitaus größere Vorteile als in der Wanne zu baden, da sich der kraftvolle Magnetismus des strömenden Wassers dann rasch verliert.

Besonders die Gartenarbeit gehört zu den Tätigkeiten, die den Ätherkörper am besten erneuern, da er sich beim Unkrautjäten, Pflanzen oder Säen in der Gegenwart jener Devas aufhält, die sich bei der Schaffung der physischen Form beteiligen. Das Grün der Bäume, Sträucher und anderer Pflanzen setzt seine eigene ätherische Energie frei. Wenn wir uns im Garten oder in den Wäldern aufhalten, sollten wir unseren Blick auf den Blättern der Bäume ruhen lassen. Die meisten Menschen sind sich nicht bewusst, dass sie einen größeren Wert besitzen als die Blüten. Diese dienen der Fortpflanzung der Spezies, doch es sind die Blätter, die das Chlorophyll herstellen und der Erde nicht nur Sauerstoff zurückgeben, sondern auch ungeheure Mengen an Prana. Die schlichte Betrachtung dieser in der Natur dominierenden Farbe Grün wirkt belebend auf den Ätherkörper.

Eine besonders anregende Übung besteht darin, sich an einem klaren Sonnentag unter einen großen Nadelbaum zu legen und die Nadeln, die sich hoch oben gegen den blauen Himmel abheben, zu betrachten. Sehr bald wird man die feine Energie, das herabfließende Prana, spüren, das Geschenk eines jeden Baumes an das Leben.

Prana besitzt zwei Aspekte - Vitalität und Magnetismus. Bisher wurde nur die Vitalität angesprochen, aber der zweite Aspekt ist ebenso bedeutungsvoll. Allen Gegenständen haftet ein bestimmter Magnetismus an. Besonders gilt dies für geweihte Objekte, Talismane oder Eheringe, die während der Zeremonie gesegnet wurden. Reisende tragen zu ihrem Schutz oft eine geweihte Christopherus-Medaille bei sich, und das während der Taufe benutzte Weihwasser wurde durch das Gebet des Priester magnetisch aufgeladen. Die Gegenstände im Besitz eines Individuums, wie Schmuck oder Kleider, nehmen den Magnetismus an, der seine Seele umgibt und strahlen ihn in Form elektromagnetischer Wellen aus.

Auch bestimmte Orte fallen in diese Kategorie. Das Kraftfeld des Grabes einer großen Seelen bezeugt deren Erdendasein. Ein besonders eindrucksvolles Beispiel dieses Phänomens findet sich in Assisi, der Begräbnisstätte des Hl. Franziskus. Die gesamte Stadt ist umgeben von der Aura, der Ausstrahlung des geistigen Magnetismus dieses großen Heiligen, die sein Leben hervorbrachte. Sie leuchtet heute noch ebenso hell wie gegen Ende seines Lebens vor achthundert Jahren. Auch der Wallfahrtsort Lourdes in Frankreich, dessen Wunderheilungen mit der Hl. Bernadette verknüpft sind, gehört zu den geweihten Stätten. Jeder Ort, der aufrichtig Gott geweiht wird, baut dieses bleibende magnetische Energiefeld der Hingabe auf, das Wunderwirkungen hervorbringt. Außer solchen heiligen Zentren, die aufgrund der Anwesenheit großer Seelen entstanden, finden wir auch in der Natur selbst Kraftquellen, deren mächtige Erhabenheit den Besucher auf die Knie fallen lässt. Besonders die Indianer verehrten ihren Schöpfer an solchen Naturstätten.

Wenden wir uns nun der Beziehung von Ätherkörper und Heilvorgang zu. Der Gesundheitszustand eines Menschen spiegelt sich in seiner Ätherhülle und in seiner Aura wider. Wie bereits erwähnt, variiert die Farbe der Aura zwischen einem silberweißen Schimmer und einem lebendigen Rosa. Gesundheitliche Schwierigkeiten erscheinen als graue Schatten, und je dunkler das Grau, desto ernsthafter der Zustand. Da der Ätherkörper das genaue Doppel der physischen Form darstellt, kann man anhand der Lage dieser grauen Flecken Rückschlüsse auf den befallenen Körperbereich ziehen. Eine einfache körperliche Erschöpfung zeigt sich als grauer Schleier, ohne besondere Stellen hervorzuheben. Sollte jedoch Krebs vorliegen oder eine ernsthafte Herzerkrankung, wird dieser Bereich sehr viel dunkler schattiert sein und manchmal dunkelbraun oder sogar schwarz erscheinen.

Ein Heiler vermag einen erschlafften Ätherkörper neu zu beleben. Zu diesem Zweck muss es sich um einen sehr vitalen Menschen handeln, der über überschüssige Energie verfügt. Ansonsten könnte er dem Patienten eher Energie abziehen. Am wirkungsvollsten hat sich das Auflegen der Hände auf die bedürftigen Bereiche erwiesen. Besonders der Kopf, der über das Nervensystem eine zentrale Verbindung zu allen Körperteilen herstellt, sollte zuerst behandelt werden und danach einzelne Stellen, die eine Neubelebung benötigen. Diese einfache Anreicherung des Energiepotenzials reicht häufig aus, um eine Heilung zu bewirken.

Da Geistheiler gewöhnlich über eine enorme Energie verfügen, vermögen sie am besten den Körper des Leidenden zu beeinflussen. Es wäre natürlich unklug, jemanden seinen Körper berühren zu lassen, der passiv ist und dem es an Vitalität fehlt, da der Energiestrom in die entgegengesetzte Richtung fließen könnte, und zwar vom Patienten auf den angeblichen Heiler. Andererseits vermag eine vitale Person lediglich durch ihre Anwesenheit im Zimmer die Kraftreserven der Umstehenden zu aktivieren. Diese Heilungskraft ging vor allem von Christus aus. Allein seine Gegenwart genügte oft, um das Wunder physischer Transformation unter seinen Nachfolgern hervorzurufen. Die Chakras der Menschen, die unter einer Krankheit oder unter völliger Erschöpfung leiden, wenden sich automatisch jedem zu, der große Vitalität besitzt. Doch die Energiereserven einer energetischen Person erschöpfen sich nicht, da es in der Natur eines solchen Austauschs liegt, dass sie wieder angefüllt werden.

Ein weitverbreitetes Problem unserer heutigen Zeit ist die Migräne, die häufig auf einer Stauung im Ätherkörper beruht, hervorgerufen durch die vielen Anforderungen unserer komplexen Gesellschaft. Das Ergebnis ist eine Anhäufung gegensätzlicher Meldungen an das Nervensystem, die gelöst und ausgeglichen werden müssen. Bei der Behandlung solcher Kopfschmerzen sollte sich der Heiler darauf konzentrieren, verstärkt Prana durch den Kopfbereich zu senden, das heißt, er muss sich die Wirkung dieser Kraftströme vorstellen, die Ordnung in das Chaos bringen und die Kopfregion von der Stauung befreien. Um höhere Unterstützung bittend, wird er das Prana so lange einströmen lassen, bis er intuitiv weiß, wann es ausreicht.

Bei jedem Heilvorgang, sei es bei der Behandlung des Nervensystems, des Herzens, des Magens oder anderer Bereiche, sollte das Licht Gottes und das Licht seines Prana auf die Problemstelle konzentriert werden. Wir müssen es uns als Lichtquell über dem Patienten vorstellen, so dass der gesamte Ätherkörper unaufhörlich von Stauungen befreit und durch die Prana-Kräfte, die diesen inneren Vitalstrom bilden, erneuert wird.

Es gibt vieles, das wir tun können, um unser Leben ins Gleichgewicht zu bringen und lebendig zu gestalten. Wenn wir verspannt sind, liegt das daran, dass wir eine Stauung in unserem Ätherkörper zugelassen haben. Für einen Hellseher stellt die ätherische Aura eine Art Landkarte dar, die genau anzeigt, wo die Verspannungen liegen. Wir müssen alles in unseren Kräften stehende unternehmen, geistig wie physisch, um unsere Vitalität zu erhöhen, wozu auch gehört, sich Zeit zu nehmen, sie von Gott zu erbitten. Dankbar sollten wir dann den erneut fließenden Energiestrom begrüßen und im Gebet für unsere bedürftigen Mitmenschen herabrufen. Die beste Zeit, heilerisch zu wirken, ist der Augenblick, in dem wir über die meiste Energie verfügen.

Abgesehen von der Anrufung des inneren Gottesfunkens und

des Solaren Logos, bieten Bäume die beste Prana-Quelle. Je mehr Bäume uns umgeben, desto stärker der Energiestrom, der über den Ätherkörper in die physische Form fließt.

KAPITEL 3

DER ASTRALKÖRPER

Von allen sieben Körpern stellt uns die Astral- oder Emotionalhülle vor die größten Herausforderungen. Gefühle umspannen ein weites Feld von Reaktionen, positiven wie negativen. Dieser Körper enthüllt stärker als alle anderen, was sich im Moment in uns abspielt, wie wir uns fühlen, welche Einstellung wir zu unserem Umfeld, zu anderen Menschen und den Dingen ganz allgemein einnehmen. Für den geistig Suchenden ist dies der Körper, der ihm die größten Probleme bereitet, da wir über ihn unsere Gefühle zum Ausdruck bringen, die sich sowohl in Ärger, Niedergeschlagenheit, Angst oder Eifersucht ausdrücken als auch in Wohlbefinden, Mitgefühl, Mut und Fürsorge.

Oft wenden wir uns diesen häufig erregenden und dramatischen Gefühlen in der gleichen Weise zu wie wir Unterhaltung suchen, denn sie gestalten das Leben bunt und interessant und befreien uns von Langeweile.

Die stärkste Herausforderung jedoch entspringt unserer niederen Natur, der Schattenseite des Menschen, die sich instinktiv gegen Hingabe und Selbstbeherrschung sträubt. Alle unsere unbedeutenden Klagen, Frustrationen, Widerstände und auch unsere Gleichgültigkeit Gott gegenüber haben ihren Ursprung in unserer Anfälligkeit für emotionale Hindernisse. Das zeigt sich vor allem darin, wie ernst wir unsere geistigen Vorsätze nehmen.

Sie konfrontieren uns mit unserer Schattenseite, die unsere guten Absichten immer wieder zunichte macht.

Doch die Seele setzt diesen emotionalen Waffen ihre eigenen Maßnahmen entgegen. Ein Beispiel dafür finden wir in der Erkenntnis des Paulus, dass der »Friede Gottes alles Verstehen übersteigt«. Darüber hinaus gelten die beiden Gebote, die uns Christus gab: »Liebe Gott mit ganzem Herzen, ganzer Seele und ganzem Verstand, und liebe deinen Nächsten wie dich selbst.«

Emotionen, die in ihrer Vielfalt auf astraler Ebene entspringen, spielen auf dem Weg zu Gott eine wesentliche Rolle. Ebenso wie der Ätherkörper bildet auch die Astralhülle eine Erweiterung der physischen Form. Die ovalförmige Aura ähnelt ihrem physischen Gegenstück. Der Astralkörper hingegen unterscheidet sich insofern vom irdischen, als er den augenblicklichen Bewusstseinszustand des Menschen widerspiegelt, der sich entsprechend der Gefühlslage bald wieder verflüchtigt oder aber einen mehr oder weniger dauerhaften Charakterzug annimmt. Es gibt Menschen, deren Physis aufgrund von Krankheit verkrüppelt ist, deren Astralkörper in seiner Schönheit jedoch auffällt, da sie ihre Bürde mit Würde tragen. Andererseits mag ein hübscher, strahlender Körper die moralische Katastrophe der Emotionalhülle verbergen und recht verunstaltet und geringwertig erscheinen.

Einen Trost gibt es jedoch, wenn wir vergebens gegen unsere Emotionalwelt angekämpft haben. In jeder Inkarnation treten wir mit einem neuen physischen, ätherischen, astralen und mentalen Körper ins Leben. Nur die drei höheren Formen, die Seele, der Adonai und die Monade sind entsprechend dauerhaft. Uns allen ist die Gelegenheit gegeben, neu zu beginnen. Mit fortschreitender Entwicklung erwarten wir mehr von uns, weshalb die Erfahrungen eines jeden Lebens uns helfen, unsere Einstellungen und Verhaltensweisen zu verfeinern und uns unserem Ideal näher zu bringen.

Da alle sieben Körper des Individuums sich gegenseitig durchdringen, ist es nicht immer einfach für einen hellsichtigen Menschen, die einzelnen Begrenzungen zu erkennen. Wenn jemand beispielsweise einen bestimmten Gedanken verfolgt, der eine emotionale Reaktion hervorruft, verschmelzen die Auren des mentalen und des astralen Körpers miteinander. Um einer Verwechselung vorzubeugen, schwingt sich ein weiser Hellseher auf die Astralebene dieses Individuums ein, um diese klar zu erkennen, damit er sie ohne Beeinflussung der anderen Vehikel untersuchen kann.

Normalerweise handelt es sich bei der Aura um die Gesamtsumme der Energiefelder aller sieben Körper. Die Astralhülle liegt zwischen dem Äther- und Mentalkörper und neigt dazu, die ganze Aura aufgrund der ausgedehnten Gefühlsnatur zu beherrschen. Gewöhnlich erstreckt sie sich zwischen sieben und fünfzehn Zentimetern jenseits des Ätherkörpers und kann bei einem erwachten Menschen sogar eine Breite von bis zu dreissig Zentimetern annehmen. Der astrale Energierand enthüllt die Stufe seines Enwicklungsweges. Im Falle eines Meisters, der alle menschlichen Aspekte vervollkommnet hat, dehnt sich das Energiefeld dieser strahlenden Seele kilometerweit in alle Richtungen aus.

Wir wollen uns nun dem Astralkörper im Detail zuwenden. Die meisten Menschen sind sich dessen nicht bewusst, dass ihre Emotionen eine lebendige und dynamische Substanz darstellen, die, ebenso wie der physische Körper, spezieller Fürsorge, Aufmerksamkeit und Pflege bedarf. Diese Hülle muss auch geläutert und trainiert werden, wenn sie sich entwickeln sowie gesund und schön erstrahlen soll. Der Durchschnittsmensch vertieft sich so sehr in die Forderungen des Alltags, dass er die Vergeistigung seiner Emotionen vernachlässigt. Der Gefühlskörper aber ist derjenige, der uns am stärksten herausfordert und sich am schwierigsten beherrschen läßt. Der Mentalkörper hingegen ist sehr viel rascher zu beeinflussen, und der ätherische sogar noch stärker. Die Astralhülle verhält sich in übertriebenem Maße den alltäglichen Geschehnissen gegenüber, was sich sehr schwierig gestaltet. Sie nährt sich von ihren dramatischen, aufgebauschten Reaktionen, nur um Eindruck zu machen, Aufmerksamkeit zu gewinnen und andere zu kontrollieren.

Für den Gottsucher wird der Astralkörper zum Prüfstein, einem Kampffeld, das seiner Verantwortung unterliegt und auf dem er schließlich den Transformationsprozess beginnen muss, um diese Ebene zu beherrschen und Frieden und Ausgeglichenheit herzustellen. Es ist gut zu wissen, dass es sich mit aller Wahrscheinlichkeit um die Astralhülle handelt, die dem Strebenden die meisten Schwierigkeiten bereiten wird, denn dann kann er sich wappnen. Wenn er noch nicht gelernt hat, auf der Basis völligen Vertrauens zu leben, werden Veränderungen, zu denen auch neue Möglichkeiten gehören, vermutlich Furcht in ihm aufsteigen lassen, was den Astralkörper stark strapaziert, woraufhin er leicht mit Sorge und Pessimismus reagiert.

Anstatt eines Unglücks sollte man sich eine positive Lösung vor Augen führen und jeden negativen Gedanken, jeden Angstimpuls ausschalten und das Leben in seiner ursprünglich geplanten Vollkommenheit betrachten. Der geistige Schüler muss lernen, seinen Astralkörper zu schulen, indem er diese emotionale Hülle täglich aufmerksam überwacht und daran arbeitet, sie ins Gleichgewicht zu bringen und ihre negativen Tendenzen in positives Denken und in Freude umzuwandeln. Angesichts seiner Lust nach Aufregung und theatralischem Benehmen kann man diesem Körper wie einem ungezogenen Kind gegenübertreten und ihm befehlen: »Nun ist es genug, benimm dich!« oder mit den Worten Christi sagen: »Friede und Stille!« Prüfungen sollten wir stets dankbar und mit einer positiven Einstellung annehmen, denn sie bilden unsere Lebenslektionen und führen uns zu unserem nächsten Wachstumsschritt. Gerade sie tragen zu unserem Fortschritt bei, nicht die angenehmen und frohen Stunden. Wir sollten uns diesen Begegnungen niemals widersetzen oder uns über sie beklagen, da es sich um echte Gelegenheiten zu weiterem Wachstum handelt.

Der Astralkörper ist glücklich, wenn er geliebt wird, weshalb man ihm verständnisvoll gegenübertreten sollte. Er liebt es, uns zu gefallen, kann gleichzeitig aber auch unseren Tag mit Ärger, Niedergeschlagenheit, Angst oder anderen vergiftenden Gefühlswallungen verdunkeln. Der ungeschulte Astralkörper giert nach Erregung und sucht starke Gefühle um ihrer selbst willen zum Ausdruck zu bringen. Die erwachte Seele aber bemüht sich, Ordnung in dieses Chaos zu bringen. Befinden wir uns, um ein Beispiel zu nennen, in einer Situation, die eine charakterliche Schwäche aufdeckt, können wir unterschiedlich darauf reagieren. Obwohl wir uns verletzt fühlen, mögen wir versuchen, uns zu rechtfertigen oder sind niedergeschlagen. Andererseits aber können wir unseren Stolz durch eine konstruktive Reaktion ersetzen und so dankbar die Lektion annehmen, da wir nun erkennen, woran wir zu arbeiten haben. Verharren wir jedoch in unserem Widerstand und unserer Ablehnung, rufen wir einen scheußlich anzusehenden Astralsturm ins Leben, dessen Folgen wir ebenso zu tragen haben wie die Konsequenzen aus dem Umstand, dass wir nichts unternahmen, unseren Fehler zu berichtigen. Ähnlich verhält es sich mit Depressionen. Wenn wir ihnen frönen, ändern wir nichts und sind ihnen hilflos ausgeliefert. Eine Veränderung stellt sich nur dann ein, wenn wir den gegebenen Zeitpunkt erkennen und der Herausforderung tatkräftig gegenübertreten.

Prüfungen stürzen den Menschen oft in Verwirrung, da er dazu neigt, weder ihre Schwere noch ihr zeitliches Auftreten für angemessen zu halten. Doch alle diese Dinge begegnen uns im genau richtigen Augenblick, und in den Augen der geistigen Hierarchie zählt einzig und allein unsere Reaktion darauf. Es gibt nur einen einzigen richtigen Weg. Wir müssen uns mit diesen Herausforderungen willig auseinandersetzen. Widersetze dich nicht, zögere es nicht hinaus und entziehe dich nicht mit allerlei Erklärungen deiner Verantwortlichkeit. Der Person, die dich auf den Fehler aufmerksam machte, könnte man entgegnen: »Ja, du hast Recht. Ich habe es bisher nicht erkannt. Danke für deine Ehrlichkeit und Aufrichtigkeit. Ich verspreche dir, mich darum zu kümmern.«

Der transformierende Aspekt einer solchen Reaktion liegt in der Offenheit für konstruktive Kritik und in der Bereitschaft, sich zu ändern. Außerdem alarmiert sie den Astralkörper, dass von nun an andere Regeln gelten. Nicht die Gefühle gewinnen die Oberhand, sondern das Bemühen um Selbstdisziplin. Die Tendenz zu dominieren und sich zu verteidigen verblasst, und an ihre Stelle tritt Charakterbildung. Die treibende Kraft einer solchen Veränderung ist der Wille, ein geistig geprägtes Leben zu führen, das ganz gezielt die Ruhelosigkeit des Astralkörpers überwindet.

Eine der wertvollsten Seelenkräfte besteht in der Bereitschaft und Einsicht, einen Fehler zu berichtigen. Sollte ein Mensch diese Eigenschaft entbehren, wird ihn dies bei seinem geistigen Voranschreiten behindern.

Häufig findet die Prüfung auf physischer Ebene in Form einer entkräftenden Krankheit statt, die sich oft nur schwierig überwinden läßt. Doch es ist sehr wichtig, diesen Zustand willig anzunehmen, denn die Hauptlast trägt der Astralkörper. Da ein solcher Zustand auf karmischen Ursachen basiert, sollte man alles in seinen Kräften stehende unternehmen, sich über die Bürde der Krankheit zu erheben und sie nicht zur Schau zu tragen, um die zugrunde liegende karmische Schuld möglichst zu tilgen. Vor allem darf man sich von seiner Krankheit nicht einschüchtern oder sich zum Märtyrer stempeln lassen. Sprich zu deinen niederen Körpern, dem physischen, ätherischen und astralen, und erkläre ihnen, dass du das Licht Gottes herabrufst, damit es jede dieser Hüllen durchdringe, die du in die Obhut des Christus gegeben hast, der die Macht besitzt, sie erneut zur Vollkommenheit zu führen. Verharre auf dieser Bewusstseinsstufe. Lasse dich durch nichts beirren, nicht einmal durch Schmerz. Sei gewiss, dass sich der Geist Gottes in dir bewegt und deine Heilung bewirkt. Halte dir dieses Bild des Wohlbefindens ständig vor Augen, und du wirst die Heilkraft Gottes erleben.

Abgesehen von unserer Fehlerhaftigkeit, enthüllt der Astralkörper auch unsere Beweggründe und unsere Ehrlichkeit. Wenn unser niederes Selbst sich der Scheinheiligkeit hingibt, wird die Aura den Betrug sofort aufdecken, indem sie die Wahrheit widerspiegelt. Sollten wir vorgeben, jemanden zu mögen, in Wahrheit aber das genaue Gegenteil empfinden, läßt sich dieser Widerspruch sofort in Form eines grauen Schattens im Energiering der Aura ablesen. Auf diese Weise verfolgt unser Schutzengel unseren Fortschritt (oder dessen Mangel), denn er sieht den äußeren und den inneren Aspekt des Menschen.

Doch der Astralkörper ist nicht immer unser Prüfer. Wenn wir eine höhere Bewusstseinsebene erreichen, zum Beispiel während tiefer Meditation, spüren wir oft, wie der Geist unsere Gedanken und Gefühle in lichte Höhen emporträgt. Unsere Astralhülle schwingt dann mit dieser Bewusstseinstransformation im Einklang. Ähnlich verhält es sich auch mit niederdrückenden Emotionen. Sobald wir beginnen, an unserer Depression, unserem inneren Widerstand oder unserer Furcht zu arbeiten, lichtet sich allmählich der Nebel dieses negativen Zustandes zum Wohle der gesamten Gefühlsnatur. Sobald wir Gott in unser Leben mit einbeziehen, beruhigt sich unser unruhiges, überempfindliches Wesen im Frieden seiner Gegenwart.

Der Astralkörper kann nicht nur völlig zerrissen sein, sondern auch eine Quelle der Freude darstellen, eine Eigenschaft, die wir erkennen und pflegen sollten. Sprich zu diesem Teil deiner selbst wie zu einem heranwachsenden Kind, fördere die positiven Anlagen und sorge dafür, dass erforderliche Korrekturen vorgenommen werden. Auch dieser Körper nimmt an der Wanderung zurück zu Gott teil. Hilf ihm, den Wert der Stille zu erkennen, auf das Göttliche zu hören und das Neue anzunehmen, denn diese Aspekte bilden den Antrieb zur Wandlung.

Übermäßige Anreize und Erregungen, die die Verbindung zu unserer höheren Natur und dem geistigen Frieden abbrechen, fügen dem Astralkörper Schaden zu. Ohrenbetäubende, primitive Musik oder die Sinne lähmende Lichtreklamen bannen ihn und besitzen absolut keine Vorteile. Solche Dinge sind natürlich Geschmackssache, und nicht jeder mag den Überlegungen zuzustimmen, doch für den Hellseher sind die Wirkungen eindeutig erkennbar. Wir sollten den alltäglichen Erfahrungen mit unserem Umfeld sehr viel mehr Beachtung schenken. Bücher, die wir lesen, Filme und Fernsehsendungen, die wir anschauen, Musikstücke, die wir wählen oder wie wir unsere Freizeit gestalten, all das prägt sich unserem Astralkörper ein. Wenn die Wirkungen jedoch unsere Verbindung zu unserer höheren Natur beeinträchtigen, schulden wir es der erwachenden Seele, ihre Entfaltung zu schützen und zu hegen.

Das astrale Instrument ist von allen unseren Körpern das schwächste, was in erster Linie der Freude an Erregbarkeit und dem Mangel an Disziplin zuzuschreiben ist. Langeweile, Ruhelosigkeit und Unzufriedenheit versucht er mit Aufregungen zu vertreiben. Diese Unreife muss schließlich zugunsten von Heiterkeit, Schönheit und geistiger Erhebung ausgemerzt werden. Die Schulung des Astralkörpers zum Zwecke einer solchen Transformation gehört zu unseren täglichen Aufgaben. Einer seiner auffallendsten Merkmale zeigt sich in seiner Wunschnatur. In einigen östlichen Lehren liegt die Betonung auf der Wunschlosigkeit als dem anzustrebenden Ziel des Erleuchtungspfades. Christus lehrte uns, dass unserer Verlangen nach Ihm ausschlaggebend ist.

Es kommt darauf an, was wir uns wünschen. In der Bergpredigt spricht er mehrere Punkte an, die Gott und dem geistigen Leben dienen. Er unterscheidet zwischen weisen und unklugen Wünschen. Paulus nennt sie die drei Tugenden: »Glaube, Hoffnung und Liebe; aber die größte unter ihnen ist die Liebe.« (1. Kor. 13,13) Die Mission Christi bestand in einer Transformation des Planeten: »Dein Reich komme; Dein Wille geschehe, wie im Himmel, so auf Erden.« (Matth. 6,10) Dieses Wunschkonzept hat natürlich nichts mit unserem irdischen Verlangen zu tun, unserem Wunsch nach weltlicher Macht und materiellem Reichtum. Dennoch ist es eine Herausforderung, eine Suche, die uns veranlasst, nach dem Wort Gottes zu leben.

Es ist sehr wichtig für den Astralkörper, die Fähigkeit echter Zuneigung zu entwickeln. Obwohl wir uns um unsere Mitmenschen kümmern mögen, stehen wir ihnen oft sehr reserviert gegenüber. Doch wir müssen lernen, diese Wand abzubauen und unsere Sorge um den anderen liebevoll zum Ausdruck zu bringen. Diese Fürsorge soll sich aber nicht nur auf unsere menschlichen Brüder und Schwestern beschränken, sondern die Tierwelt und das Leben als Ganzes mit einschließen. Wir sollten allem und jedem mit Herzlichkeit begegnen, selbst dem Unbekannten auf der Straße, und ihm freundliche Anteilnahme entgegenbringen.

Es gibt Menschen, denen die innere Leere und Traurigkeit ins Gesicht geschrieben steht. Es liegt an uns, ihre Augen aufleuchten zu lassen. Unser Mitgefühl sollte aber nicht nur vom Verstand ausgehen, sondern unsere Empfindungen mit einbeziehen, denn erst dann wirkt es auf den anderen erhebend. Wenn wir jemanden in dieser Weise berühren und ihm zu verstehen geben, wie wichtig er für uns ist, wird diese Zuneigung meistens erwidert.

Wir müssen unsere Zurückhaltung lockern und unsere liebende Zuneigung und sorgende Anteilnahme offen zum Ausdruck bringen, so wie Christus es uns vorgelebt hat. Folge deinem eigenen Empfinden und lerne, die Bedürfnisse des Mitmenschen zu erkennen, um helfend eingreifen zu können. Entdecke die transformierende Kraft der Liebe, um deine Gefühle, Gedanken und Ansichten zu ändern. Bist du niedergeschlagen, suche nach Möglichkeiten, das Leben eines anderen Menschen zu erhellen. Halte Ausschau nach Dingen, die Begeisterung hervorrufen und Dankbarkeit aufkeimen lassen. Erblicke in den Augen des anderen nur Schönheit und Wunder, und deine Tage werden von stillem, innerem Frieden erfüllt sein.

Der Astralkörper vermag zu wachsen, und seine Wunden können heilen. Denke daran, dass alle falschen Einstellungen und alle Vorurteile blasenähnliche Gebilde in ihm hervorrufen, die aufplatzen und ein Loch in die Aura reißen können, was sich in einem beachtlichen physischen und emotionalen Energieverlust bemerkbar macht. Diese klaffenden Wunden heilen mit der Zeit, doch oft nicht ohne uns mit einem Gefühl der Leere oder Niedergeschlagenheit kämpfen zu lassen. Es ist wichtig, dass wir in diesem Augenblick zurückblicken und den Weg verfolgen, der uns in diese Situation geraten ließ und sicherstellen, dass wir zukünftig dieselben Fehler nicht wieder begehen.

Für den sterblichen Menschen läuft nicht alles im Leben glücklich und glatt ab, was auch nicht sein soll. Er hat seine Schulden zu begleichen, muss sich seinem Karma stellen und wird neuen Lektionen und Prüfungen gegenübergestellt, da er noch nicht vollkommen ist. Die Schule des Lebens gestaltet sich nicht einfach. Was zählt, ist unsere Reaktion, unsere Einstellung. Wir wollen allem mit mutiger Begeisterung und freudigem Einsatz ins Antlitz blicken. Jeden Tag mit seinen Verantwortungen, Beziehungen und Möglichkeiten wollen wir einladend begrüßen, das Leben schätzen lernen und es genießen. Dies sind die Voraussetzungen für das gesunde Erblühen unseres Astralkörpers, dessen Schönheit sich dann dem Auge des Hellsehers enthüllt. Er wird in einer schimmernden Mischung aus den Farben geistiger Freude und Zufriedenheit (Pfirsich und Gold) erstrahlen. Es ist ein innerer Glanz, den auch die von diesem Glücksgefühl erfüllten Engel kennen.

Wenn wir uns verspätet haben und uns daher eilen müssen, werden wir oft ungeduldig, hastig und gefährden uns selbst. Wie können wir unser Gleichgewicht wiederfinden, ohne in einer ähnlichen Situation eine Stunde früher aufzustehen? Wer hilft uns? Es ist unser göttlicher Geist. Denken wir an die Worte des David: »Er wird mich zu stillen Wassern führen.« (Ps. 23,2) Halte einen Augenblick lang inne, stelle dir die tiefen Wasser eines ruhigen Sees vor und fühle den Frieden in dir einkehren: »Er machte meine Seele gesund.« (Ps. 23,3)

Lasse deine Seele in diesem Moment die Führung übernehmen und spüre den Frieden Gottes. Dann hast du einen entscheidenden Schritt auf dem Weg zur Meisterschaft über deine Emotionen getan.

KAPITEL 4
DER MENTALKÖRPER

Der Mentalkörper unterscheidet sich von der astralen Hülle insofern, als er über ein vielseitigeres und weitreichenderes Angebot an Talenten und Hilfsquellen verfügt, auf das er zurückgreifen kann. Hinzu kommt seine größere Objektivität und stärkere Ausgeglichenheit sowie der Reichtum auf der Ebene der Inspiration. Letztere ist darauf zurückzuführen, dass der Mentalbereich des Menschen eher Zugang zu Vision, Intuition und Kreativität findet, wohingegen der Äther- und Astralkörper mehr erdverhaftet sind. Außerdem befindet sich hier auch der Sitz der Intelligenz, des Erinnerungsvermögens und der analytischen und kognitiven Fähigkeiten. Ein großer Teil unseres Fortschritts im Leben hängt von unserer Fähigkeit ab, zu erkennen und Probleme zu lösen, einer Tätigkeit, für die sich das mentale Vehikel ausgezeichnet eignet.

Auch aus der Sicht des Hellsehers besteht ein Unterschied zwischen astraler und mentaler Ebene. Von allen Körpern erscheint der astrale am farbenprächtigsten. Der mentale hingegen zeigt sich vorwiegend in zarten Pastelltönen, die eher seiner nachdenklichen und sachlichen Betrachtung der Welt entsprechen.

Vergleichbar mit den übrigen niederen Körpern, gestaltet sich auch der mentale wie die physische Form. Seine sieben Haupt-Chakras jedoch verströmen die Energie in einer Weise, dass es einem Gefäß mit kochendem Wasser gleicht. Die Oberfläche dieser Hülle befindet sich in ständiger wellenförmiger Bewegung, die mit der Gedankentätigkeit des Individuums korrespondiert. Wenn wir über ein Ideal nachdenken, entströmt unserem Inneren ein farbiger, nebelartiger Dunst, der recht faszinierend zu betrachten ist. Im Gegensatz zu den anderen Körpern, sind die Energien der Mentalhülle im allgemeinen feiner und geschmeidiger und bewegen sich daher auch rascher.

Die Unterschiede zwischen dem Astral- und dem Mentalkörper machen sich ebenfalls auf der Ebene des Bewusstseins bemerkbar. Unser Bezug zu unseren Mitmenschen spielt sich ganz konkret auf der Ebene ab, auf der wir uns am wohlsten fühlen und uns daher auch am stärksten betätigen. Wenn wir herzlich und sehr gezielt an unsere Mitmenschen denken, zum Beispiel an ein Kind, unsere Mutter oder einen engen Freund, wirken wir auf der Astralebene. Wir betrachten solche Beziehungen von einem recht subjektiven Standpunkt aus, nämlich wie wir uns in diesem Augenblick fühlen und wie wir unsere Verbindung zu ihnen erleben.

Bewegt sich andererseits jedoch unser Interesse am Mitmenschen auf einer eher analytischen und Verständnis suchenden Ebene, dann wirken wir auf der mentalen Stufe. Unser Gebet und unsere Meditation im Zusammenhang mit einer Person spielen sich ebenfalls auf einer Ebene ab, die der Art und Weise entspricht, in der wir mit ihr in Verbindung stehen.

Der Radius des Mentalkörpers unterliegt keiner festgesetzten Regel, da er sich angesichts einer plötzlichen Erkenntnis oder Einsicht ganz überraschend vergrößern kann. In seinem gewöhnlich nachdenklichen, analytischen Zustand kann seine Ausstrahlung acht bis zwanzig Zentimeter erreichen. Übersteigt er diesen Bereich jedoch beständig, handelt es sich mit größter Wahrscheinlichkeit um einen genialen Menschen. Doch auf dieser Ebene vermag sich die Aura fast eines jeden Menschen je nach seiner mentalen Aktivität spontan zu erweitern. Da dieser Körper seine Energien ausdehnen und beschleunigen kann, eignet er sich ganz besonders zur Meditation. Im Grunde genommen unterzieht sich nicht das Vehikel selbst einer Ausdehnung, sondern die Wellenlänge seiner mentalen Essenz, von der es im Laufe gedanklicher Abläufe durchströmt wird. Wenn ein Individuum während der Meditation mit den Frequenzen einer höheren Bewusstseinsebene in Berührung tritt, vermittelt der Vorgang an sich ein Gefühl von Einssein mit Gott, was sich in der Wahrnehmung niederschlägt, auf eine andere Daseinsebene emporgehoben zu werden, auf der man verweilen möchte. Meditation kann sich natürlich auch eher als mechanische Pflichtübung gestalten, die einer gedanklichen Routine gleicht. Sie kann auch die Form eines beständigen Kampfes annehmen, um die eigenen Gedanken nicht abschweifen zu lassen. Doch es ist die Seele, die uns über die Schwelle in höhere Bewusstseinssphären leitet und die Tore der Erleuchtung und Transformation öffnet.

Es kann allerdings auch ein entgegengesetzt verlaufender Prozess stattfinden. Sobald wir mit einer abstoßenden Situation oder einem Aufwallen von Negativität wie Furcht, Ärger oder Sorge konfrontiert werden, schrumpft unsere mentale Ausstrahlung. In derartigen Fällen müssen wir sofort handeln und diese unerwünschten Eindringlinge mit aller Kraft umzupolen versuchen. Ansonsten breiten sie sich wie unbehandelte Viren in unserem Organismus aus und können uns in die Knie zwingen, bis wir etwas gegen sie unternehmen.

Ähnlich wie der Astralkörper, erstrahlt die Mentalhülle normalerweise in lieblichen Pastelltönen. Obwohl eher besinnlich und ruhig, besteht eine aktive Verbindung zwischen beiden Ebenen. Wenn wir Ganzheit anstreben, wird jeder entsprechende Gedanke in einer Farbe schimmern, die in gedämpfter Form den lebendig leuchtenden Farbton des astralen Gefährten widerspiegelt.

Die gesamte Aura reagiert auf eine konzentrierte mentale Tätigkeit, wie zum Beispiel bei der Lösung eines Problems. Da es sich um eine Ausstrahlung durchlässiger Natur handelt, gehen die ätherischen und mentalen Energien ineinander über, wenn wir uns auf die höheren Welten einschwingen oder unsere mentalen Fähigkeiten kreativ einsetzen. Die Einflussnahme von Seele, Adonai und Monade wird in solchen Augenblicken von den meisten Menschen noch nicht bewusst wahrgenommen und bedarf ohnehin der weiteren Entfaltung. Gewöhnlich können wir nur bis zu den höheren Bereichen des Mentalkörpers vordringen, die die Grenze unseres Fassungsvermögens bilden. Obwohl dies enttäuschend klingen mag und wir bedauern, nicht unsere Seelenebene zu erreichen, sollten wir bedenken, dass die höheren Mentalebenen bereits recht intuitiv geprägt sind. Der Durchschnittsmensch mag sogar annehmen, in solchen Momenten schon Verbindung zur Seelenebene aufgenommen zu haben. Doch sobald diese erhabene Region bewusst erfahren wird, kristallisiert sich der Unterschied deutlich heraus.

Der Mentalkörper strahlt vorwiegend die Farbe Gelb aus, in die sich andere Farbtöne mischen, je nachdem über was wir gerade nachdenken. Frohe Erinnerungen an die Vergangenheit lassen das mentale Vehikel lavendelfarben aufleuchten. Wenn wir in der Weihnachtszeit über das Engelreich meditieren, durchziehen wunderschöne hellblaue Ströme das mentale Gelb. Der Mentalkörper eines wissenschaftlich und praktisch ausgerichteten Menschen, der bedächtige und wohl überlegte Entscheidungen trifft, wird sehr viel Ocker und Orangegelb aufweisen.

Wenn wir sorgenvollen Gedanken nachgeben, weicht das Gelb einem grauen Schatten. Selbstsüchtige Gedanken rufen einen braunen Nebel hervor. Um das schöne, klare Gelb in die Aura zurückzubringen, sollten wir uns gedanklich nur mit aufbauenden, interessanten Dingen beschäftigen, die unsere Intelligenz in Anspruch nehmen.

Sobald ein Mensch den geistigen Pfad betritt und beginnt, seine Lebensweise zu läutern und zu verbessern, wird das Gelb seines Mentalkörpers hellere und klarere Farbtöne annehmen. Mit dem Erreichen des dritten Einweihungsgrades wird die gelbe Farbe der Mental-Aura aufgrund dieses Verfeinerungsprozesses kaum noch von reinem Weiß zu unterscheiden sein.

Man mag die Frage stellen, in welcher Weise dieser Körper verletzbar ist und was ihm womöglich schaden kann. Alle negativen Zustände fügen ihm Schaden zu, da sie ihn veranlassen, sich zusammenzuziehen, was ernsthafte Folgen haben kann, wenn keine Korrektur vorgenommen wird. Furcht, Argwohn, Besitzgier, Selbstmitleid und Depressionen gehören zu den Verhaltensmustern, die den Mentalkörper schrumpfen lassen. Farbig gesehen, erscheint er dann grau überdeckt, was höchst unschön anzuschauen ist.

Obwohl frei von eigenen negativen Gedanken, können wir diesen Formen jedoch ganz plötzlich und völlig unerwartet begegnen, wenn wir etwa in einem Hotel an der Cocktailbar vorbeigehen. Solche Orte sind meistens von recht unangenehmen Elementalen bevölkert, die sich wie Affen an einen Alkoholiker klammern. Es handelt sich dabei nicht um Einbildung, sondern um tatsächliche Gebilde aus der niederen astralen Welt, die dem durch den Alkohol versklavten Verstand entspringen. Auch jene halbverdunkelten Räume oder Ecken mit ihren zerstörerischen Schwingungen, an denen sich bevorzugt die Drogenszene trifft, belasten den Mentalkörper erheblich. Die Dunkelheit verstärkt hier die schlechte Atmosphäre, da sie als Brennmaterial für negative Gedankenformen wirkt. Schwach beleuchtete Restaurants oder andere Lokalitäten müssen nicht unbedingt schädlich sein, da sie eher eine romantische Note vermitteln und für manche Menschen eine Intimsphäre schaffen. Sie wirken aber auch nicht besonders aufheiternd, denn der Geist braucht Licht. Er arbeitet am besten bei Sonnenschein. Eine Ausnahme jedoch bildet die Meditation bei Kerzenlicht. In diesem sanften Schein kann sich der Geist besser auf das innere Licht konzentrieren und die inneren Welten erfahren. Von den Zeiten der Meditation profitiert der Mentalkörper ganz besonders.

Die äußeren Anforderungen unseres Erdendaseins beanspruchen uns in einer Weise, dass dieses Vehikel kaum Gelegenheit hat, seine eigenen Tiefen zu entdecken. Doch die Erfahrungen von Meditation und Kontemplation lassen uns bald das verborgene Potenzial zur Erleuchtung erkennen, was zum Ansporn für die Verfolgung unseres geistiges Weges wird.

Von Zeit zu Zeit sollten wir uns fragen, wie wir unseren Mentalkörper benutzen. Sind wir mit seiner Tätigkeit zufrieden oder haben wir Probleme? Sind wir geistig träge und vernachlässigen unsere Talente? Das mentale Vehikel ist ebenso anfällig für Krankheit wie das emotionale, ätherische und physische. Aufregung und Frustration sind auch in diesem Falle nicht ausgeschlossen. Zur Erhaltung seiner Gesundheit bedarf es einer klugen Auswahl der Dinge, die er aufnimmt oder vor denen er sich verschließt.

Der Denker in uns muss stets auf der Hut sein und die Qualität der Information, für die er sich öffnet, wachsam überprüfen. Sein Hauptwidersacher ist das niedere Selbst, das seine persönlichen Vorstellungen verfolgt, die Dinge, nach denen es verlangt oder denen es sich widersetzt. Wird seinen Forderungen nachgegeben, unterliegt der Denker, der höhere Ziele anstrebt, und das Bewusstsein steht offen für die Schandtaten dieses unberechenbaren Elementes in uns. Solange seine Wünsche und seine Unreife nicht besiegt sind, sieht sich der Geist schweren Prüfungen gegenüber. Daher muss sich der geistige Wille des im inneren

Widerstreit verfangenen Menschen zusammenreißen und die Herrschaft übernehmen, nicht angriffslustig oder ängstlich, sondern er muss bescheiden und umsichtig die Richtung ändern und seinem Schicksal treu bleiben.

Der Mentalkörper ist ein wunderbares Ausdrucksmittel. Seine Entfaltung hängt von seiner Güte, seinem Edelmut und seiner Intelligenz ab, deren Grad wir bestimmen können. Wie bereits erwähnt, nehmen wir weder die mentale noch die astrale, ätherische oder physische Hülle mit in andere Leben hinüber. Nur ein Samenatom eines jeden dieser Körper bleibt zurück, der als Baustein für die Bildung dieser Vehikel in einer feineren Version dient, die uns dann während des nächsten Daseins in der Schule des Lebens begleitet.

Bei dieser Rückkehr versieht uns Gott mit drei Gaben - Leben, Individualität und Bewusstsein. Davon steht das Bewusstsein an erster Stelle, da es das Leben und die Individualität in ihrer Richtung und Entwicklung bestimmt.

Es gibt verschiedene Bewusstseinsstrukturen, denn jeder Körper besitzt sein eigenes Bewusstsein. Doch auf der augenblicklichen Evolutionsstufe entfaltet es sich am natürlichsten im Mentalkörper. Der Tag wird jedoch kommen, an dem es auf der Seelenebene angesiedelt sein wird, doch dieser Reifezustand liegt für die meisten von uns noch in der Zukunft. Wir besitzen ein inneres, subjektives und ein äußeres, objektives Bewusstsein. Wir verfügen über ein persönliches und ein unpersönliches Bewusstsein sowie über ein horizontales und ein vertikales. Zu Beginn unserer Inkarnationsreise überwog das horizontale Bewusstsein, als wir uns mit der äußeren Welt und ihren Gegebenheiten vertraut machten. Es beschäftigte sich mit dem materiellen Aspekt des Alltags und des Familienlebens. Wie der Name schon sagt, wendete es sich in erster Linie der Oberfläche menschlichen Daseins zu, ohne in die Tiefe zu dringen, was sehr einseitig ist.

Vertikales Bewusstsein hingegen richtet sein Augenmerk auf die innere Natur und Ebene unseres Wissens. Im Laufe der Entwicklung des gesamten Bewusstseins durchströmt dieses schließlich alle unsere Körper, vom physischen bis hinauf zur Monade. Obgleich letztere noch außerhalb unserer Reichweite liegt, bestimmt sie dennoch, was uns im Zuge der Entfaltung des vertikalen Bewusstseins erwartet.

Dieses beginnt mit einem anfänglichen Interesse für den geistig-philosophischen und den moralisch-ethischen Lebensaspekt und setzt sich dann in der metaphysischen Betrachtungsweise fort, die die Macht des freien Willens betont, um uns und unsere Lebensumstände zu verändern. Die nächste Stufe umfasst den esoterischen Bereich, auf der wir den Lebensplan und seine Geheimnisse zu verstehen lernen. Wir beginnen nun, uns für die inneren Wirklichkeiten zu öffnen und sie wahrzunehmen und lernen, unseren Einblicken und Erkenntnissen zu vertrauen, die eine Bewusstseinserweiterung mit sich bringt.

Die letzte Stufe bildet die mystische Ebene. Aufbauend auf der esoterischen Grundlage, die uns bis dahin die klarste Perspektive der Wahrheit vermittelte, führt uns der mystische Aspekt zur letzten Evolutionsstufe des Bewusstseins. Wir sprechen an diesem Punkt auch von kosmischem Bewusstsein, von dessen Ebene aus unsere Seele, unser höheres Selbst, schließlich die Herrschaft übernimmt. Auf dieser reinen, lichten Stufe stehen wir in ununterbrochener Verbindung mit Gott. Ein echter Mystiker spricht nicht viel, da er erkennt, dass die Wahrheit schlicht und einfach ist. Er sieht in allem die Essenz, deren Enthüllung allmählich in seinen Verstand dringt, der dann beginnt, die inneren Zusammenhänge zu analysieren und zu entdecken.

Doch in Bezug auf den Mentalkörper ist auch Vorsicht geboten, da es eine Reihe von Umständen gibt, die seiner Gesundheit schaden können. Wir müssen uns ihrer Natur bewusst sein und lernen, mit ihren Auswirkungen fertig zu werden. Unentschiedenheit und Konflikt belasten den Geist gewaltig. Sie scheinen windstoßartige Gegenströmungen in der Aura hervorzurufen, die sich als unförmige Beulen bemerkbar machen. Dies gestaltet sich besonders kompliziert, wenn der Konflikt zwischen der rechten und linken Hirnhemisphäre stattfindet. Unentschiedenheit und Widerstreit entspringen einem schwachen Willen. Das kann darauf zurückzuführen sein, dass die Person es jedem recht machen oder aber sich nicht der Verantwortung stellen will. In jedem Falle muss als erstes der Wille gekräftigt werden. Zu diesem Zwecke kann man zunächst einmal dementsprechende Bücher lesen oder Kurse besuchen. Doch letztendlich muss sich dieses Individuum selbst aufraffen und sein Wissen einsetzen. Auch eine gute Therapie, die den Ursachen der Willensschwachheit nachspürt, wäre ein Schritt vorwärts.

Ein weiterer Störfaktor ist Unnachgiebigkeit. Wenn es jemandem an Flexibilität mangelt und er auf seinen Ansichten und Verhaltensweisen beharrt, entwickelt er eine Einseitigkeit, die ihn mit der Zeit immer abwehrender und verhärteter werden läßt, was sich in der zunehmenden Dichte der aurischen Ausstrahlung des Mentalkörpers bemerkbar macht. Hinzu kommt, dass die Aura ihre Form verändert. Aus dem hübschen Oval entsteht ein Würfel. Erst ein Wandel dieses Zustands verhindert die Entstehung einer geistigen Krankheit. Eine Umpolung des gesamten Denkprozesses ist unerläßlich, ein Vorgang, der unmittelbar und gewissenhaft vorgenommen werden muss. In solchen Fällen sollten wir den Mentalkörper direkt ansprechen. Wenn wir uns verletzt fühlen oder enttäuscht sind und uns deshalb selbst bedauern, wäre es ratsam zu sprechen: »Gott, öffne meinen Geist und reinige ihn von allem Schmerz und Selbstmitleid. Hilf mir zu erkennen, dass es sich um eine Schwäche handelt, die ich beseitigen muss, um mich von ihrem Zugriff zu befreien.« Unsere vier niederen Körper bilden ein Quadrat, das das höhere Dreieck stützt. Da der Mentalkörper am schnellsten auf konstruktive Veränderungen reagiert, sollten wir dieser Eigenschaft Rechnung tragen.

Er bedarf einer Vielfältigkeit an Angeboten und Herausforderungen im Leben. Allzu viele Menschen erlauben es ihrem Geist, in engen Bahnen zu verlaufen, anstatt ihm die Möglichkeit zu bieten, ein breites Spektrum zu durchforschen. Man sollte ihn des öfteren zu neuen Problemlösungen und schöpferischen Vorstellungen anregen. Das Schachspiel eignet sich ganz ausgezeichnet dazu. Auch die Lektüre der neuesten Forschungsergebnisse auf dem Gebiet von Technik und Wissenschaft oder Erziehungsmethoden dienen dem Zweck, den Geist jung und lebendig zu erhalten, denn er liebt es, immer wieder aufs Neue mit einer Vielfalt an Themen beschäftigt zu werden.

Eine andere Möglichkeit, den Geist zu trainieren, besteht darin, auf dem Laufenden zu bleiben und die Informationen einzuordnen. Das bewahrt ihn vor Trägheit und Zerstreutheit. Als kleine Übung könnte man damit beginnen, die Einkaufsliste nicht niederzuschreiben, sondern im Kopf zu behalten. Allenfalls kann man beides tun, um hinterher eine Möglichkeit zum Nachprüfen zu haben. In erster Linie jedoch sollte man sich auf seine mentale Fähigkeit verlassen, um sie flexibel zu halten. Das gleiche gilt auch für Vorträge. Eine Zusammenstellung der wesentlichen Punkte sollte genügen.

Die Fähigkeit der Konzentration und Sammlung spielt beim Gebrauch unseres mentalen Körpers eine wesentliche Rolle, was sich auch bei der Meditation bemerkbar macht. Besonders der Neuling in dieser Übung beklagt sich oft über seine abschweifenden Gedanken, die ihn daran hindern, sich zu sammeln und bei einem bestimmten Thema zu verweilen. Die dazu nötige mentale Disziplin lässt den Meditierenden einen Gedankengang von Anfang bis Ende bewusst verfolgen, ohne dabei auch nur einen

Moment lang abzuschweifen. Mit zunehmender Entwicklung dieser Fähigkeit gelingt es uns, mitten im Wust miteinander wettstreitender Aktivitäten konzentriert zu sein, was sich bald als ein höchst wertvolles Attribut in der Bewältigung des Alltags bewährt.

Im Mentalbereich laufen wir stets Gefahr, im Labyrinth letztendlich unnötiger Einzelheiten verlorenzugehen. Die Folge davon ist das Absinken auf eine kleingeistige Ebene, die wenig bis überhaupt kein Licht ausstrahlt, was sowohl uns selbst als auch unsere Mitmenschen betrifft, denen wir begegnen. Wenn sich jemand, der dieses Zustands überdrüssig ist, in der Natur aufhält und sich für die höheren Schwingungen dieses Reiches öffnet, schwinden solche nichtssagenden Gedanken, und das Tor zur wahren Einsicht schwingt auf. John Muir und David Thoreau gehören zu den Schriftstellern und Naturmystikern, die diese zeitlose, nie endende Abenteuerreise bezeugen.

Doch wie in allen Dingen, sollten wir uns auch hier vor Übertreibungen hüten. Ein wesentliches Merkmal des geistigen Pfades besteht in dem Streben nach Gleichgewicht. Unsere Konzentrationsübungen sollten uns nicht in einer Weise beherrschen, dass wir unsere übrigen Verpflichtungen vernachlässigen. Wir müssen sie begrenzen. Nach ungefähr einer halben Stunde wenden wir unsere Aufmerksamkeit am besten neuen Bereichen zu, vor allem wenn die Bedürfnisse anderer Menschen anstehen. Auch die Meditation sollte eine halbe Stunde nicht übersteigen, da längere Perioden zu einem Ungleichgewicht in der Entwicklung führen und dazu verleiten könnten, wichtige Angelegenheiten in der äußeren Welt oder andere Verantwortlichkeiten zu versäumen. Wollen wir Gottes Plan für uns wirklich erfüllen, müssen wir Gleichgewicht anstreben.

Aus praktischer Sicht gesehen bedeutet dies, dass unsere Bemühungen dahingehend verlaufen, die Energien des Mentalbereiches in nutzbringende Kanäle zu lenken, um sie bestmöglichst auszuschöpfen. Der Psychologe William James machte die Beobachtung, dass der Durchschnittsmensch höchstens zehn Prozent seiner mentalen Fähigkeiten nutzt, während der Rest brachliegt.

Eine der machtvollsten mentalen Gaben ist die Kunst der Vorstellungskraft, da sie eine Ideen-Urform schafft, die sich manifestiert, sobald sie in Bewegung gerät. Derartig begabte Menschen scheinen einen Zauberstab in den Händen zu halten, der alles anzuziehen vermag. Doch Vorsicht! Der Einsatz dieser Gabe muss völlig selbstlos geschehen, sonst endet er in Mißbrauch. Am besten schafft man mit ihrer Hilfe die Grundlage für geistiges Wachstum und verwendet sie nicht zur Beschaffung materieller Güter. Der Verstand wirkt dabei in ursächlicher Weise - was man denkt, kann Wirklichkeit werden. Der Gedanke besitzt schöpferische Kraft, und die Dinge, mit denen man sich gedanklich beschäftigt, bilden die Grundlage für das, was folgt.

Bisher haben wir uns mit dem positiven Aspekt dieses Talents beschäftigt, doch es gibt auch eine negative Seite. Wenn wir Furcht und Ärger freien Spielraum lassen, belasten wir uns nur. Wir müssen uns stets kritisch beobachten, welchen Dingen wir unsere Aufmerksamkeit schenken. Sobald es uns bewusst wird, dass wir uns negativen Strömungen, wie Sorge und Widerstand, hingeben, ist es an der Zeit, die entgegengesetzte Richtung einzuschlagen. Eine neue Arbeitsstelle bietet ebenso eine ausgezeichnete Möglichkeit zum Neubeginn wie die Begegnung mit unbekannten Menschen, die nichts von unseren vergangenen Fehlern und Unzulänglichkeiten wissen. Das erleichtert es uns, ein neues Lebenskapitel zu beginnen.

Der schlimmste Missbrauch unserer mentalen Fähigkeiten liegt darin, unsere Mitmenschen zu manipulieren, sie dazu zu bewegen, ihre Verhaltensweisen oder ihre Tätigkeiten auf diese Weise unserem Willen unterzuordnen, und das alles nur aus selbstsüchtigen Zwecken. Diese Neigung grenzt an schwarze Magie und muss unter allen Umständen ausgerottet werden. Jeder Willensmissbrauch auf Kosten anderer führt in die Dunkelheit. Diesem Abschweifen kann am besten mit der Verpflichtung zu Integrität, Ermutigung und dem Geschenk der Freundschaft zur Umgebung begegnet werden.

Dann beginnt der Geist der von Krankheit gezeichneten oder verletzten, ängstlichen und entmutigten Person zu heilen, indem sich ihre Ansichten und Erwartungen ändern. Vielleicht ist dieses Individuum auch der Heimsuchungen überdrüssig und strebt eine Heilung an. Manchmal bedarf es eines sehr tiefen Vertrauens, um die Mühsal zu beenden. Welche Form die Wandlung der Einstellung der jeweiligen Situation gegenüber auch annehmen mag, in jedem Falle markiert sie den Beginn eines Heilungsvorgangs. Liebe und Mitgefühl sind die durchgreifenden Heilmittel, die ein echter Heiler sorgsam einsetzt. Je mehr Klarheit und Genauigkeit er in diese Behandlung einfließen lässt, desto rascher und wirksamer wird sich die Gesundung des Patienten einstellen.

Ebenso wie der Geist die Gesundheit positiv beeinflussen kann, so vermag er sich auch von ungesunden oder zerstörerischen Elementen, zum Beispiel den Gedankenformen eines Unruhestifters, zu befreien. Empfindsame Seelen bedürfen dieser inneren Distanz, um die Gesellschaft gedankenloser und aufgeregter Leute ertragen zu können.

Wir müssen darauf bedacht sein, die Qualität unserer Gedanken ständig zu bereichern und zu verbessern. Der Gedanke besitzt die Kraft, die tägliche Atmosphäre zu läutern und zu verfeinern und das schwer lastende Grau in die hellen Ausstrahlungen eines lichten Bewusstseins zu verwandeln. Über unsere Gedankenwelt vermögen wir uns unsere Ideale vorzustellen, Ziele zu setzen und deren Erreichen voranzutreiben.

In der westlichen Zivilisation wird die Vernunft stark überbewertet, was seine oft negativen Spuren im Menschen hinterlässt.

Die echte schöpferische Kraft des Mentalen liegt nicht in der Kunst der Argumentation, sondern in tieferen Einblicken und Intuitionen, was über die sorgfältige, rationale Analyse hinaus direkt zum Herzschlag der Wahrheit selbst führt.

Denken wir nur an den Frieden und die stärkenden Impulse, die eine wache, lebendige Meditation mit sich bringt und auf der transformierenden Kraft des Gedankens beruht. Der Denker in uns vermag nun klar und eindeutig die Führung zu übernehmen, indem er die Tore zu den schöpferischen Kräften aus den inneren Welten öffnet.

Dieser innere Denker wurde uns als intelligenter Wegweiser durch das Schicksal unseres Daseins mitgegeben. Die folgenreichste Aktivität des Mentalkörpers besteht in seiner Aufgabe, Entscheidungen zu treffen. Welche Richtung sollen wir einschlagen, wenn wir an eine Kreuzung gelangen? Wie werden wir im Alter unser Leben gestalten? Welche Gelegenheiten, die uns das Leben bieten, sollen wir ergreifen? Die weise Beantwortung dieser Fragen sowie unsere Bemühungen, auch den scheinbar unbedeutenden Dingen des Alltags unsere Aufmerksamkeit zu schenken, schlagen sich auf unserem karmischen Konto nieder. Bis wir den Punkt erreicht haben, an dem wir uneingeschränkt von unserer Seelenebene aus inspiriert werden und handeln, liegt unsere Hauptaufgabe darin, weise Entscheidungen zu treffen. Der wahre Wert unserer Mentalebene wird allzu leicht vernachlässigt und übersehen, da wir es vorziehen, die Zeit einfach damit zu verbringen, der Erfüllung persönlicher Wünsche nachzujagen.

Zum Abschluss noch zwei Gedanken:

Erstens: Mit zunehmender Entwicklung der mentalen Fähigkeiten, aufgrund von Inspiration und Intuition, lauert auch die Gefahr, dass wir uns den Fortschritt selbst zuschreiben. Doch die Anerkennung gebührt Gott allein.

Zweitens: Je selbstloser, aufrichtiger und dankbarer wir der schöpferischen Mentalkraft gegenübertreten, desto leichter wird es uns fallen, jene Frage zu beantworten, die einst David gestellt wurde und die auch uns erwartet, sobald wir den geistigen Pfad betreten: »Welchen Weg bist du heute gegangen?« (1. Samuel 27,10)

KAPITEL 5

DIE SEELE – EIN KÖRPER AUS LICHT

Das Erwachen der Seele übertrifft jegliche Erfahrung auf dem Wege zu Gott. Nach vielen Leben in den schattenhaften Gefilden unserer niederen Körper vollzieht sich die Begegnung mit unserer Seele wie die Entdeckung einer neuen, geheimnisvollen Welt. Bisher sind wir den verschiedensten Beschreibungen und Vorstellungen bezüglich Gott und der inneren Welten gefolgt, doch die eigentliche Erfahrung fehlte. Die Seele schenkt uns nun die Erfahrung dieser strahlenden Wirklichkeit, die uns nie mehr mit niederen Reichen zufrieden sein lassen wird.

Die Mehrzahl der heutigen Menschen lebt ihr Leben, ohne das kostbare Kleinod im Innern zu kennen, denn »Seelen-Bewusstsein« zu erlangen, gehört zu den seltenen Erfahrungen. Man mag eine vage Vorstellung von der Seele besitzen, sollte sich jedoch davor hüten, ihre Eigenschaften zu erfinden, nur um jemanden beeindrucken zu wollen. So mancher Geistlicher mag sich in der Zwickmühle befinden, wenn er über das Wesen der Seelenebene spricht. Doch zu dem Zeitpunkt, da die Seele zum Durchbruch kommt und die Barrieren der Persönlichkeit hinter sich lässt, gleicht dies einer Offenbarung, so überwältigend ist die Freude über das Geschenk dieser strahlenden Gegenwart.

Der Abstand zwischen dem Mentalkörper und der Seele ist beachtlich. Mit der Seelenebene beginnt die obere Dreiheit unseres Seins, zu der auch der *Adonai* und die *Monade* oder der innewohnende Gottesfunken gehören. Diese drei Bereiche zeichnen sich wegen ihrer unbefleckten Reinheit aus und führen zur ununterbrochenen Verbindung mit Gott, was sich natürlich nicht über Nacht ereignet. Es handelt sich um einen allmählichen Prozess, und das Göttliche begegnet uns in Augenblicken, in denen wir es am wenigsten erwarten. Es tritt mit unserem Bewusstsein über die Sprache innerer Wahrnehmung in Kontakt, der unmittelbaren Erfahrung Gottes und der höheren Welten.

Während die oberen Mentalebenen selbst in höchst schöpferischer Weise Zugang zur Intuition finden, vervollständigt die Seele diese Eigenschaft durch das Hervortreten der inneren Wahrnehmung und des sechsten Sinnes.

Das Wesen der Intuition besteht darin, sich völlig unerwartet in Form einer Einsicht, einer Verheißung oder einer Erkenntnis bemerkbar zu machen, was sich visuell, sprachlich oder aufgrund einer Beobachtung äußern kann. Das Wort »Einsicht« charakterisiert wohl am besten, was in diesem Augenblick vor sich geht, denn eine Intuition enthüllt immer die Wahrheit. Sie mag die Lösung eines Problems herbeiführen, da sie etwas aufdeckt, das wir übersehen haben, oder plötzlich fällt Licht auf eine Situation, und wir erkennen. Andererseits aber mag sie seltsam unlogisch anmuten, zeitlich unangebracht oder in diesem Moment unwichtig sein. Doch wenn wir sie einfach übergehen, mögen wir es später bereuen, da sie sich als richtig erwiesen hat. Da die Intuition die Sprache der Seele spricht, vermögen wir unsere Persönlichkeit zu umgehen und unser Bewusstsein unmittelbar mit der in unserer Tiefe ruhenden Weisheitsquelle zu verbinden.

Der in seiner geistigen Eigenschaft einzigartige Seelenkörper ist größer als die physische Form und besteht aus reinem Licht. Die meisten Menschen sind spirituell noch nicht erwacht, und die Seele wirkt in diesem Fall wie eine Hülle, die aber dennoch mit uns in Verbindung treten kann. In ihrem aktiven Zustand jedoch vermittelt sie einem erwachten Menschen unmittelbaren Zugang zum Wissen. Die Seele vermag alle Seiten einer Situation zu erkennen. Einzelne Kenntnisse werden ausgeschaltet und nur die Essenz der Wahrheit in den höheren Bewusstseinssphären zurückbehalten.

Dieser stets sanft strahlende Körper sendet unserem Bewusstsein und Unterbewusstsein seinen Rat in Form von sprühenden Lichtfunken. Eine hellsehende Person vermag den wesentlichen Unterschied zwischen den einzelnen Menschen an dem Ausmaß der jeweiligen Seelenaktivität zu erkennen.

Das gilt in erster Linie für fortgeschrittene Seelen. Die Seele des Durchschnittsmenschen tritt trotz ihrer Leuchtkraft weniger stark in den Vordergrund und ist auch weniger aktiv. Von der äußeren Erscheinungsform einer Person lässt sich nicht auf ihr Inneres schließen, denn selbst schwierige Leute bergen in ihren Tiefen oft ein makelloses Juwel.

Die Seele bringt sich selbst nur durch Wesentliches zum Ausdruck. So wird etwa auf kausaler oder Seelenebene das zeitraubende Spiel einer Symphonie auf eine einzige Melodie reduziert und ein langes Gedicht auf eine einzige Zeile, die den gesamten Inhalt wiedergibt. Eine philosophische Dissertation ist nicht nötig, denn die Seele behält nur die lebendig funkelnde Schlussfolgerung zurück. Alle Einsichten und Ausarbeitungen erfolgen intuitiv, und nichts geht verloren. Die Seele arbeitet mit Lichtgeschwindigkeit. Ihre Wahrnehmungen erfolgen nahezu augenblicklich. Große Werke oder hervorragende Erfindungen werden oft blitzartig geboren. Diese flüchtigen Momente bewusst zu erhaschen, gestaltet sich mühsam, nicht weil die schöpferische Eigenschaft der Seele uns auf die Probe stellt, sondern weil unser menschlicher Verstand so umständlich arbeitet.

In der Kausalwelt ruhen die Schöpferkräfte des Gottesgeistes.

Im allgemeinen nimmt der Transformationsprozess der Erlösung, Regeneration und Offenbarung von dieser Ebene seinen Ausgang und dringt als Geschenk Gottes in unser Bewusstsein ein. Daher ist die Seele der Quell unserer Talente, denn im Kausalbereich liegen die zukünftigen Erfindungen, die noch zu enthüllenden Weisheiten und die latenten Kräfte, Möglichkeiten und schöpferischen Bemühungen der Welt von morgen. Wenn wir während des Gebets oder der Meditation Verbindung zu unserer Seele aufnehmen, finden wir Zugang zu ihren Gaben. Im Gegensatz zu unserem Verstand, der eine Problemlösung gewissenhaft durchdenken oder einen Plan sorgsam ausarbeiten muss, erfüllt die Seele dieselbe Aufgabe in Sekundenschnelle. Sowohl Propheten als auch Dichter sprechen in der Sprache der Seele. Die Visionen der Mystiker und Religionsführer besitzen dieselbe Klarheit, die die Schranken von Zeit, Tradition und Rangordnungen durchdringen. Begabte Schriftsteller, denen Einblick in jene Dimension gewährt wird, beschreiben das Leben aus der Sicht der Seele. Ein Gedicht oder ein Buch, das dieser Bewusstseinsebene entsprang, bedarf keinerlei Korrektur mehr.

Das Bewusstsein dieses strahlend schönen Seelenkörpers, der den physischen bei weitem überragt, verfügt über eine tiefe Weisheit. Seine einzigartigen Gaben und Kräfte manifestieren sich in der äußeren Welt als seltene Talente. Auch dieser Körper besitzt wie die anderen vor ihm sieben Haupt-Chakras oder Energiezentren. Sie werden von ganz besonderen Energieströmen durchflutet, deren Vielseitigkeit und Lebenskraft die Bewusstseinstore für unvorstellbare Möglichkeiten und Erkenntnisse öffnet.

Nach dem Tode werden die dauerhaften Samenatome des physischen, astralen und mentalen Körpers im Herz-Chakra der Seele aufbewahrt, um später das Grundmuster für die nächste Inkarnation zu bilden, deren Planung im Verantwortungsbereich des »Kindel-Erzengels« liegt. Er steht dem Menschen bei der Auswahl der zukünftigen Lebensbedingungen und Umständen beratend zur Seite.

Die Seele betrachtet ein Erdendasein als Langzeitinvestition. Trotz anfänglicher Verluste, die darauf beruhen, dass ihre Einflussnahme zunächst unbeachtet bleibt, sieht sie ihre in der Entwicklung des Individuums immer bedeutender werdende Rolle voraus. Während der gesamten Inkarnation überschattet sie das Ego. Ihre Macht übersteigt bei weitem jegliches Persönlichkeitsmuster, das nur bei einer noch jungen Seele zu herrschen scheint, da das höhere Selbst noch nicht erwacht und wenig wirksam ist. Das niedere Selbst frönt lange Zeit einem geschäftigen, weltlichen Dasein. Doch es kommt der Zeitpunkt, an dem eine Krise oder ein tiefer Schmerz den Menschen innerlich aufhorchen lässt und er die Leere dieser Äußerlichkeit verspürt. Der Erdenwanderer beginnt, sich seiner Seele unterzuordnen und wendet sich Gott zu. In diesem entscheidenden Augenblick erhebt sich die schlummernde Seele, und ihre Weisheit und Führung beeinflussen von nun an das Leben dieser Person, was die Entwicklung von Gewissen, Integrität und Charakter mit sich bringt.

Je stärker das niedere Selbst seinen Zugriff lockert, desto strahlender und lichterfüllter wird die sich erhebende Seele. Das Ego erkennt allmählich seinen Zugang zu einer Hilfe, die unvergänglich und ewig ist, und sein Läuterungsprozess beginnt. Seine begrenzte und voreingenommene Sichtweise beugt sich den umfassenden, universellen und ausgewogenen Konzepten der Seele. Wenn uns das Gehabe unserer Mitmenschen irritiert, sollten wir uns vor Augen halten, dass es sich dabei um ihre Persönlichkeit handelt, die uns auf die Probe stellt. Die Seele verhält sich niemals so, dass sie ein Ärgernis darstellt; sie ist stets entspannt, anmutig, wach und ehrfurchtsvoll. Wir sollten unbedingt darauf achten, geistige Erkenntnisse in die Tat umzusetzen und uns bemühen, unsere Schwächen in Stärken, unsere Zweifel in Gewissheiten zu verwandeln.

Ein einfaches kanadisches Mädchen heiratete einen Engländer, dem in seiner Lebensmitte die Grafenwürde zuteil wurde und damit ein historischer Titel und eine hohe Stellung. Seine in bescheidenen Verhältnissen aufgewachsene Frau begleitete ihren Mann nach England, um dort ihre Pflichten zu übernehmen, für die sie nicht erzogen worden war. Doch ihre Natürlichkeit und Offenheit brachten ihr viele Freunde, und man war ihr sehr zugetan in einer Gesellschaft, die zu den kompliziertesten und anspruchsvollsten der Welt gehört. Ihre Bescheidenheit bahnte ihr den Weg, und sie bewies, dass es keinen höheren Adel gibt als den des Charakters.

Die Hauptmerkmale des Seelen-Bewusstseins sind Liebe, Einheit, Weisheit, Kreativität und Intuition. Seelenbewusstsein bedeutet aktives Christus-Bewusstsein. Alles, was unsere Gedanken, Gefühle und Handlungen auf Christus ausrichtet, wird durch die transformierende Kraft in uns und durch uns zum Ausdruck gebracht. Eine vorangeschrittene Seele hat die Christus-Natur im Inneren entfaltet. Nur selbstlose Motive und Gedanken können sie berühren, denn egoistische Wünsche und Bedürfnisse sind ihr fremd. Eine solche Seele achtet die Werte der kleinen Dinge des Lebens ebenso wie die der großen, ohne sich von der Bürde der Verpflichtung belasten zu lassen. Echte Intuitionen und Erfahrungen bleiben im Gedächtnis haften. Flüchtige Impulse oder Illusionen verblassen rasch wieder und werden vergessen. Außergewöhnliche Begabungen stellen die Fähigkeiten des Seelenbewusstseins unter Beweis, denn alle wahren Talente entströmen den Seelenkräften.

Die Seele kann auf kausaler Ebene mit den Meistern in Kontakt treten, ohne dass sich die Persönlichkeit dessen bewusst sein mag. Ähnliches gilt auch für die Verbindung zu dem höheren

Selbst vertrauter Menschen, wovon das Normalbewusstsein oft keinerlei Kenntnis besitzt. Bisweilen dringen Teilaspekte solcher Begegnungen auf den inneren Ebenen später in Form von Erkenntnissen oder überraschenden Entdeckungen ins Alltagsbewusstsein, und wir schätzen uns glücklich, sie zu empfangen.

Die Seele nimmt an den Sakramenten aktiven Anteil, wenn sie wirklich geheiligt sind. Bei der Taufe sendet sie eine neue Energie in die Aura des Säuglings, insbesondere in dessen höhere Körper. Diese Zeremonie regt auch die Chakras an, und der Wächter- oder Schutzengel tritt der geweihten Seele in diesem Moment zur Seite und begleitet sie von nun an. Die Seele selbst verbindet sich im Laufe der feierlichen Handlung mit dem gesamten siebenfältigen Sein des Neugeborenen, indem sie alle seine Fähigkeiten auf die Monade oder den innewohnenden Gottesfunken ausrichtet.

Während des Empfangs von Brot und Wein bei der Kommunion strömt aus den höchsten Ebenen eine göttliche Kraft herab und belebt den ganzen Menschen. Die Seele strahlt auf. Bei den Worten des Geistlichen: »Christus führt dich zu ewigem Leben«, lässt sich deutlich der einhüllende Christus-Geist spüren.

Während das Paar bei der Eheschließung sein feierliches Versprechen ablegt, erstrahlen ihre Seelen in leuchtend weißem Feuer, und nach den Worten: »Segne, oh Gott, diesen Ring, so dass er, der ihn gibt und sie, die ihn empfängt, in deinem Frieden leben und der Gelübde bis ans Lebensende eingedenk sein mögen«, umgibt ein heller Lichtring die Hände des Paares. Und wenn der Bräutigam spricht: »Mit diesem Ring vermähle ich mich mit dir«, erstrahlt ein lodernd weißes Licht über den beiden. Nachdem es sich zurückgezogen hat, sind die Kausalkörper des Paares miteinander verbunden und erscheinen als Einheit.

Das Hauptziel einer Inkarnation besteht in der Entfaltung der Seele. Jedes einzelne Leben auf Erden definiert sie klarer, gibt ihr mehr Individualität und erhöht ihr Bewusstsein für die unsichtbaren Wirklichkeiten. Doch bevor wir beständiges Seelenbewusstsein erreichen, müssen wir den physischen Körper, die Ätherhülle sowie die Emotionen und den Verstand läutern, unterwerfen und erlösen. Denn diese niederen Aspekte unseres Seins bedürfen der Klärung, ehe sie die Verbindung zu unserer höheren Natur nicht mehr beeinträchtigen. Die irdische Hülle muss von Erschöpfung und Krankheit befreit werden. Der Ätherkörper bedarf der Belebung und Erneuerung. Der Astralbereich darf nicht länger unter der Bürde menschlichen Verlangens oder Widerwillens leiden, und der Mentalkörper muss sich egoistischer Interessen entledigen, um harmonisch und geistig wachsam wirken zu können. Solange diese niederen Aspekte nicht geläutert sind, bleiben sie für die Frequenzen der höheren Ebenen undurchlässig.

Sobald die Seele ihre volle Aufmerksamkeit auf die niederen Vehikel lenkt, zeigt sich ein bemerkenswerter Wandel, da wir uns dem Wirken einer neuen Energie und Gegenwart in unserem Leben bewusst werden. Wir sollten diese aufrüttelnde Einflussnahme dankbar begrüßen, da die damit einhergehende Bewusstseinswandlung und Charakterbildung den Beginn unseres Lebens als geistiger Schüler kennzeichnet, eines Lebens, das uns von den Schmerzen und Leidenschaften des niederen Selbst befreien wird.

Wie häufig denken wir im Laufe des Tages an unsere Seele? Wir sollten es uns zur Angewohnheit machen, oft zu diesem Lichtkörper emporzublicken. Innerhalb der Beschränkungen unserer Erdenevolution ist er unbegrenzt und unsterblich. Je stärker wir unsere Aufmerksamkeit auf dieses höhere Selbst lenken, desto mehr wird es uns mit seiner reinen Weisheit erfrischen und unterstützen. Wir sollten unserer Seele Fragen stellen und geduldig warten, bis ihre Antworten in unser Alltagsbewusstsein blitzen.

Viele Menschen erfahren bisweilen eine ganz natürliche und spontane Verbindung zu diesem höheren Aspekt ihres Seins und fühlen sich inspiriert und belebt. Solche Augenblicke sollten wir in einem Tagebuch festhalten. Die Eintragungen mögen Anregungen zur Verbesserung unserer Verhaltensweise widerspiegeln oder zur unmittelbaren Kontaktaufnahme mit unserem Schutzengel oder einem erhabenen Lehrer auf innerer Ebene führen. Meistens jedoch werden kleine Wachstumsschritte angesprochen, denen wir im Alltag gegenüberstehen. Diese Gelegenheiten täglichen Fortschritts sollten uns mit Dankbarkeit und Freude erfüllen.

Die Seele gibt uns auf unserer Gottessuche den Ansporn und die Energie zu kämpfen. Sie ist nicht nur die Quelle unserer höheren Sehnsucht, sondern auch die Kraft, den Widerstand und die Rebellion unserer Schattennatur, dieser dunklen, vom Instinkt beherrschten Seite unseres niederen Selbst, zu besiegen. Prüfungen, die uns bis an unsere Grenzen drängen, werden immer durch den niederen Aspekt in uns in Bewegung gesetzt. Auf diese Weise klettern wir mühsam, doch an Geschick, Ausdauer, Kondition und Weisheit zunehmend, dem geistigen Gipfel entgegen.

Wir können uns der Psychologie dieses inneren Widersachers nicht früh genug bewusst werden, wenn wir die Reise antreten, denn die dunkle Seite bedroht alles, was uns dem Licht näher bringt. Auf jedes Versprechen, das die Seele mit einbezieht, reagiert die Schattenseite um ihres eigenen Überlebens willen. Eine ihrer strategisch erfolgreichsten Gegenmaßnahmen besteht schlicht darin, uns zu verleiten, unser Versprechen einfach zu vergessen. Wenn dies nicht gelingt, gestaltet sie eine Reihe von Prüfungen, die darauf abzielen, unsere Bemühungen aufs Spiel zu setzen, uns zu entmutigen oder unseren Entschluss in anderer Weise zu untergraben.

In diesem Feld erkennen wir schließlich die Kraftreserven unserer Seele, diesen negativen Aspekt zu besiegen. Bei der Konfrontation mit seinem Schatten erklärte Paulus: »Das Gute, das ich will, tue ich nicht, und das Böse, das ich nicht will, tue ich.«(Röm. 7,19) Über seine Seele sprechend, meinte er jedoch an anderer Stelle: »Ich lebe, doch nicht ich, sondern Christus lebt in mir.« (Gal. 2,20) Der Schatten bleibt unverbesserlich, die Seele aber unbesiegbar bis ans Ende. Dies ist der vom Schöpfer geplante Weg menschlicher Evolution, der Kampf zwischen Gut und Böse im Inneren des einzelnen Menschen.

Jede Person ist im Grunde genommen sehr viel mehr als sie nach außen hin erscheint. Wenn wir die physische Hülle eines Freundes betrachten, sehen wir nur einen Bruchteil seines wahren Seins, denn unser Verstand erfasst nicht mehr und vermag den schlummernden Gottesfunken, der auch in uns noch seiner Entfaltung harrt, nicht zu sehen. Jemand, dem es möglich ist, sein Bewusstsein auf die Stufe seines höheren Selbst zu erheben, darf sich des unmittelbaren Zugangs zur Seele gewiss sein. Sobald wir Verbindung zu ihr aufgenommen haben, sehnt und strebt sie beständig aufwärts und transzendiert dabei allmählich die Bürden der niederen Körper, die im Wege stehen. Ein Erdendasein ist für die Seele ein einziger Schultag. Über Seelenbewusstsein zu verfügen, bedeutet, sein Karma bewusst korrigieren zu können, was viel Gutes bringt und großen Fortschritt ermöglicht.

KAPITEL 6
DER ADONAI

Von den sieben menschlichen Körpern kennt man den *Adonai* (hebräisch: mein Herr) am wenigsten. Zusammen mit der Seele und dem innewohnenden Gottesgeist bildet er die sogenannte höhere Dreiheit, jenen göttlich klaren und reinen Aspekt, der im Gegensatz zu dem viereckigen Fundament unserer niederen Körper steht.

Die Seele kennzeichnet den Beginn unserer höheren Natur und wirkt über viele Leben hin als unser wirkliches Selbst, da sie dem Bewusstsein leichter zugänglich ist. Doch es ist der Adonai, der schließlich unsere wahre Identität ausmacht. Er offenbart unsere göttliche und einzigartige Individualität und das Zentrum unseres geistigen Willens.

Erklärungen wie »Ich bin« oder »Ich will«, denen wir in heiligen Schriften begegnen, beziehen sich auf jene beiden Attribute. Da abgesehen von einigen wenigen Enthüllungen über die Natur dieser wundervollen Körperform seine Existenz kaum schriftlich belegt ist, bleibt der Adonai immer noch ein Geheimnis. Er verleiht nicht nur der Identität und dem geistigen Willen Ausdruck, sondern dient auch als Quelle der Weisheit und Ursprung der Energien von Reinheit und Macht.

Die in den heiligen Schriften enthaltene Bezeichnung »Gott in uns« bezieht sich auf den Gottesfunken oder den innewohnenden Gottesgeist, der Ausdruck »Herr« hingegen auf den Adonai: »Erhebe dich und leuchte, denn dein Licht ist erschienen, und die Herrlichkeit des Herrn hat sich über dir erhoben.« (Jes. 60,1) Um den geistigen Reichtum, den der Adonai uns bietet, zu ernten, müssen wir seine geistige Willenskraft ansprechen. Den Menschen mangelt es bei ihrer Gottsuche vor allem an Beständigkeit, Durchhaltevermögen und der Entschlossenheit, ein wirklich spirituelles Leben zu führen. Wir lassen uns leicht ablenken und entmutigen und zögern es lange hinaus, wenn die Frage ansteht, ob wir Gott oder uns selbst dienen wollen, so dass wir einem schwachen Raunen im Wind gleichen.

Wir machen uns jenen Willen zu eigen, indem wir die Aufmerksamkeit nach innen richten und uns die Fülle der Willenskraft, die der Adonai beherrscht, vor Augen halten. Andächtig sehen wir eine Verbindung zwischen dieser Quelle der Entschlossenheit und Ausdauer und der Notwendigkeit unserer Selbstbeherrschung sowie unserem geistigen Erwachen entstehen. Während der Meditation und der kurzen Andachten beobachten wir, wie der geistige Wille ins Bewusstsein vordringt und jedes einzelne Atom unseres Seins erfasst, bis wir seine Anwesenheit auf allen Ebenen verspüren.

Sobald wir uns des Adonai bewusst sind, haben wir eine kritische Schwelle erreicht, denn nun müssen wir um Schutz bitten, damit uns nichts ablenkt, entmutigt oder zaudern lässt, um den uns durchflutenden Strom göttlichen Willens zu unterbrechen. Wir sollten uns vorstellen, wie seine Strahlkraft unser gesamtes Sein erfüllt. Dieser Schritt ist insofern äußerst wichtig, als die dunkle Seite unserer Persönlichkeit zwangsläufig auf unsere lichtwärts gerichteten Bemühungen reagiert. Es ist daher ratsam,

---

*) Weitere Informationen zu diesem wichtigen Themenbereich enthält das Buch von Flower A. Newhouse »Der Schlüssel zum inneren Wachstum«.

dass wir uns bei der Anrufung des Adonai mit einem dreifachen undurchlässigen Ring des Christuslichts umgeben.[*]

Um unseren Willen, der im Laufe unseres geistigen Aufstiegs immer wichtiger wird, zu stärken und zu kultivieren, ist es ratsam, sich je nach den Anforderungen des Alltags an diesen Körper, den Sitz des geistigen Willens, zu wenden. Bewusst Entscheidungen zu treffen, spielt dabei eine wesentliche Rolle. Wie oft entspringen sie reiner Angewohnheit, und der Mensch denkt nicht weiter darüber nach, was er ändern muss. In diesem Sinne wirken der Gottesfunke und der Adonai zusammen. Wir wenden uns an den Adonai als das göttliche Selbst, wenn wir Heilung suchen, um eine Krankheit mittels der Vorstellung von göttlicher Gesundheit zu heilen.

Der Adonai, der durch das allsehende Auge symbolisiert wird, gleicht einem Diamanten und reflektiert das strahlend helle Licht des innewohnenden Gottesfunkens. In seinem Bereich intensiviert sich das Leben der Seelenebene erheblich. Er sendet Wogen der Stärke und Weisheit, der Macht und des Willens aus. Jede dauerhafte Heilung oder Transformation hat ihren Weg über diese Ebene genommen und deren Segen erhalten. Nach Erlangen der Meisterschaft wirken wir von diesem edlen Selbst aus, und der Gottesfunke in uns wird in sehr ferner Zeit zu einem Logos werden.

KAPITEL 7
DIE MONADE

Die erhabenste Suche ist die Gottsuche. Hierin liegt die Hauptaufgabe des Lebens, der zugrundeliegende Zweck unserer Existenz und das Ziel der Evolution, die uns unaufhörlich weiterträgt. Der göttliche Funke in uns, bekannt als die Gottesflamme, die Monade oder das innewohnende Göttliche, verbindet uns mit dieser Bestimmung. Vergleichbar mit dem Samen eines Mammutbaumes, wird dieser Funke erst in zukünftigen Zeitaltern eine aktive Rolle in unserem Dasein spielen, doch seine Gegenwart im Hier und Jetzt definiert unsere Zukunft. Trotz seiner noch unentwickelten Kraft, führt er uns allmählich dem lichtwärts strebenden Lebenspfad entgegen und verbindet uns mit unserem Schöpfer.

Die Betonung liegt auf dem Wort »unentwickelt«, da einige Traditionen diesen Seinsaspekt auf der gegenwärtigen Stufe als voll funktionsfähig darstellen, während in Wirklichkeit diese göttlichen Kräfte noch vorwiegend schlummern. Aber in der Meditation und im Gebet vermögen wir eine Verbindung zu Gott herzustellen, indem wir diese Gotteskräfte herabrufen. Wir müssen die Vorherrschaft des Egos und die Hürden zwischen Gott und unserer Persönlichkeit erkennen, denn es wäre absurd, übermäßigen Ehrgeiz, vollkommen sein zu wollen, mit der Realität einer fernen Zukunft zu verwechseln.

In unserer Persönlichkeit sind wir sterblich. Unser physischer, ätherischer, astraler und mentaler Körper besitzt kein ewiges Leben. Jede dieser Hüllen durchlebt ihren Tod, und wenn wir uns wieder auf Erden inkarnieren, kehren wir in neuen Körpern zurück.

Doch vieles in uns trägt den Stempel der Unsterblichkeit. Neben den niederen Vehikeln besitzen wir den Kausalkörper, die adonaische Hülle und die Form unserer unbesiegbaren Gegenwart, den innewohnenden Gottesfunken. Von Anbeginn unserer menschlichen Evolution sind uns eine Seele und ein Lichtkörper gegeben, um dem unsterblichen, ewigen Gottesgeist in uns zu dienen.

Ebenso wie sich unsere irdische Form, zusammen mit unseren Energien, Gefühlen und Gedanken, über die Inkarnationen hinweg entwickelt, werden wir auch das Erwachen unserer Seele, des Adonai und der göttlichen Gegenwart erleben, wenn diese die vollkommene Herrschaft über unser siebenfaches Sein übernehmen. Es wird der Zeitpunkt kommen, an dem wir unseren menschlichen Entwicklungsprozess abgeschlossen haben und mit der Entfaltung eines noch höheren Bewusstseins beginnen werden. In diesem Augenblick treten wir in die Endphasen unserer Erdenevolution ein und transformieren unsere Interessen, Ideale und Bestrebungen, was uns noch umfassenderen Zugang zu den inneren Welten und ihren Schätzen ermöglichen wird.

Da unsere höheren Wesensglieder nie im Widerstreit miteinander liegen, herrscht auf dieser Ebene Harmonie und kreativer Austausch, was den Fortschritt des Individuums beschleunigt. Im Falle der vier niederen Körper haben wir es mit einer unvorhersehbaren Mischung aus menschlichen Reaktionen zu tun, die von Abneigung bis zur Bewunderung reichen.

Die Monade oder der Gottesgeist in uns, unser unbesiegbares Selbst, bleibt als einzige Form unseres siebenfältigen Seins für immer bestehen. Selbst die Seele und der Adonai lösen sich schließlich auf und lassen nur das Göttliche in uns zurück. Doch dieser Sachverhalt übersteigt bei weitem unsere Vorstellungskraft, und anstatt es in seiner gesamten Reichweite erfassen zu können, sehen wir diesem Mysterium vertrauensvoll entgegen.

Bis zu diesem fernen Abschluss beginnen wir jedes Erdenleben mit einem neu geschaffenen physischen, ätherischen, astralen und mentalen Körper, dem das jeweilige permanente Atom zugrundeliegt. Bei Beendigung einer Inkarnation wird von jedem der vier niederen Vehikel ein winziges Atom im Bereich des Herz-Chakras des Kausalkörpers (der Seele) aufbewahrt. Jedes enthält eine mikroskopische Aufzeichnung der wesentlichen Erfahrungen, die wir in jedem einzelnen der vier Vehikel gemacht haben. Wenn der Zeitpunkt gekommen ist, einen neuen Lebenszyklus auf Erden zu beginnen, wirken diese dauerhaften Atome als Magneten, um von jeder Ebene die Essenz anzuziehen, die zum Aufbau des jeweiligen neuen Körpers benötigt wird. Je weniger fortgeschritten das Individuum ist, desto mehr Engel unterstützen die Entscheidung über die Entfaltung der neuen Körperstruktur. Eine fortgeschrittene Seele plant, ihrem Entwicklungsgrad entsprechend, ihr zukünftiges Leben weitgehend selbst.

Obwohl die höhere Dreiheit in Einklang miteinander schwingt, wäre es falsch anzunehmen, dass es sich bei der Seele, dem Adonai und der Monade um eine einheitliche Struktur handelt. Der Gottesfunke, unsere unmittelbare und direkte Verbindung zu Gott, übertrifft jedoch alles in seiner Einzigartigkeit und Größe - und nur er allein besteht ewig.

Wie bereits erwähnt, sollten wir uns davor hüten anzunehmen, dass wir vollkommen sind, weil ein Strahl Gottes ein Teil von uns ist. Doch es wäre ebenso unrichtig, Gott als fern und unerreichbar zu betrachten, denn die Schwelle zu Gott liegt in uns, enthalten im Gottesfunken. Es ist dieser Aspekt unseres Seins, der geduldig darauf wartet, dass wir dem Einssein entgegenstreben.

Es mag sich die Frage erheben, wie man Gott im Inneren erspürt. Erstens sollte man sich in der demütigen Erkenntnis üben, die Ehrfurcht auslösende Gegenwart Gottes tatsächlich zu fühlen, wie sie das Bewusstsein anregt. Spüre, wie ihre Energien dich mit jedem Herzschlag rhythmisch durchströmen. In einem zweiten Schritt, erfüllt von tiefer Sehnsucht und Verehrung, kann man sich im Gebet vor dem Altar des innewohnenden Gottes versammeln. Fühle die Gegenwart Gottes als ein Meer des Lichtes, in das du eintauchst. Es ist das Allerheiligste in deinem Inneren, das Lichtselbst, das dich vollkommen einhüllt und dabei den natürlichen Umriss der Körperhaltung annimmt.

Führe als drittes jeden Tag ein andächtiges Gespräch mit deinem höheren Selbst und schließe es mit ein. »Innewohnender Gottesgeist, Du bist heilig und weise. Durchströme mein Sein mit deinem Licht, segne und transformiere es. Hilf mir, deiner immer bewusster zu werden und deine Geheimnisse still und andächtig auszustrahlen. Im Namen deiner heiligen Gegenwart in mir, so möge es geschehen.«

Verbringe viertens täglich einige Minuten in schöpferischer Kontemplation über die Gotteskraft in dir. Denke daran, dass diese Gottesflamme in ihrer individuellen Form mit ihrer Macht, Intelligenz und Göttlichkeit ein vollkommenes Abbild Gottes darstellt. Über den innewohnenden Gottesfunken wird dir der Segen, die Inspiration und die Erleuchtung der GOTTHEIT zuteil.

Konzentriere dich abschließend auf die Erneuerung und Vervollkommnung deines Seins, indem du die Schwingung jedes einzelnen Körpers vergeistigst und erhöhst. Um dies zu erreichen, musst du still auf die Segnungen des innewohnenden Gottesgeistes warten, der vom Adonai an abwärts allen Vehikeln vermehrt Energie zuführen kann. Die Anrufung der Monade sollte von dem tiefen Verlangen begleitet werden, auf allen Ebenen vollständig von der göttlichen Heilkraft durchdrungen zu werden.

Konzentriere dich während des Tages in rhythmischen Abständen auf die Beschleunigung der Lebensenergie. Bei anderer Gelegenheit wende dich an den Sitz der Individualität, an den Adonai, und bitte den innewohnenden Gottesfunken, er möge die Eigenschaft geistigen Willens stärken und vermehrt zum Ausdruck bringen.

Bitte um die Seelengaben und Energien. Sollten deine intuitiven Kräfte brachliegen oder zu schwach ausgebildet sein, widme deine Meditation ihrer Anregung und Beschleunigung. An einem anderen Tag magst du dein Augenmerk auf die schöpferischen Fähigkeiten lenken und ihr Feuer durch das göttliche Licht in dir entfachen.

Zumindest einmal in der Woche sollte man sich darauf konzentrieren, dass göttliche Heilstrahlen vom Mentalkörper abwärts unser Sein durchfluten. Bitte um Gesundheit für deine mentale Hülle, um sie zu beleben und ihre verschiedenen Eigenschaften, wie Unterscheidungs-, Erinnerungs- und Denkvermögen, sowie ähnliche Aspekte göttlicher Intelligenz zu verbessern.

Richte dein Augenmerk auch auf astraler Ebene auf die Vorstellung vollkommener Gesundheit und bitte darum, dass der innewohnende Gottesfunke sie durch deinen Astralkörper sendet. Erkenne ganz bewusst und gewissenhaft die Qualitäten von Harmonie, Verfeinerung, Stärkung, Läuterung und Bereicherung, die sich in deinen astralen Fähigkeiten manifestieren.

In gleicher Weise stelle dir die Strahlen der reinigenden, belebenden und Gesundheit spendenden Strömungen vor, die deinen Ätherkörper durchfluten und im Namen des innewohnenden Gottes dort verbleiben mögen.

Eine eigenständige Behandlung sollte dem physischen Körper zum Zwecke seiner Belebung zugedacht werden. Innerlich entspannt und friedvoll wende dich den bedürftigen Organen zu und öffne dich für den höheren Einfluss, der weitaus tiefer greift als Röntgenstrahlen. Schwinge dich andächtig und aufmerksam auf den höchsten Aspekt in dir ein und sprich gedanklich etwa folgende Worte: »Gott in mir, durchflute meine Lungen mit deinem heilenden Licht.« Der Gebrauch des Personalpronomens »mein« ist dabei sehr wichtig.

Bitte in ähnlicher Weise um den machtvollen Einfluss der göttlichen Gegenwart in Angelegenheiten, die große Anforderungen an dich stellen, wie die Beziehung zu gewissen Mitmenschen, geschäftliche Verantwortungen oder persönliche Krisen. Heiße dein alles überstrahlendes göttliches Selbst willkommen, vertraue ihm und ehre es. Es besteht aus reinem Licht, das die Intelligenz, den Willen, die Liebe und den Antrieb des Göttlichen enthält. Die göttliche Intelligenz spiegelt sich im Verstand des Individuums wider, der göttliche Wille in seinen Absichten. Die für die Gotteskindschaft so wesentliche Gottesliebe erfüllt auch die Welt der Gefühle. Die innere Ausrichtung auf Gott sorgt dafür, dass alle Aspekte des Menschen aktiv werden und sich auf das LICHT ausrichten.

Diese vier Eigenschaften bilden jene Dimension, an die wir uns wenden sollen, wenn wir Anforderungen und Prüfungen gegenüberstehen oder uns Gelegenheit zum Wachstum geboten wird. Wir können den Gottesfunken, diese reichste Quelle konstruktiver Kräfte in uns, jederzeit um Beistand bitten. Sobald es uns bewusst wird, dass wir einer jener Fähigkeiten bedürfen, müssen wir nur die göttliche Gegenwart in uns anzurufen, damit sie sich in der gegebenen Situation manifestiere, indem ihre mächtigen Energien uns in einer Weise transformieren, dass wir der anstehenden Situation mutig begegnen. Fühle die göttliche Qualität in dein Sein einfließen und deinen Einfallsreichtum und deine Aufgeschlossenheit anregen. Stelle dir den aufbauenden Wandel vor, der daraus folgt.

Wenn wir uns den innewohnenden Gottesfunken vorstellen, sollten wir nicht sein wahres Ausmaß unterschätzen oder ihn als unbestimmt umrissene Flamme sehen. Er ist umfassender und leuchtender als irgendein anderer Aspekt unseres Seins. Dieser Gottesgeist in uns wird niemals vergehen und war nicht einen Augenblick lang von der göttlichen Urquelle getrennt.

Die Beschaffenheit des gesamten Seins hängt von der Verbindung zur Monade ab. Haben mangelndes Interesse oder fehlendes Vertrauen den Kontakt zur göttlichen Quelle nur wenig zur Entfaltung gebracht, kann sich dies in einer gebrechlichen Gesundheit und schwachen Lebenskraft oder in geistiger Ziellosigkeit niederschlagen. Nach außen hin hat es dann den Anschein, als bestehe nicht der Wunsch, sich mit den äußeren Gegebenheiten auseinanderzusetzen, was zu einer Unterbindung des breiten Feldes an Möglichkeiten führt, die das Leben auf Erden zu bieten hat. Der erste Schritt zur Überwindung dieser Tendenz, sich aus der Schule des Lebens zurückzuziehen, besteht darin, sein ganzes Wesen aufzurütteln und für den Reichtum und die Chancen zu öffnen, die nicht nur Herz und Geist transformieren, sondern auch unser Bewusstsein für den innewohnenden Gottesgeist erwecken.

Man sollte während der Meditation häufig daran denken, dass die Monade das Potenzial eines Logos besitzt und mit jedem entwickelten Logos im Reich Gottes verbunden ist. Diese Verbindung umfasst das gesamte göttliche Universum. Obwohl eine solche Erkenntnis in ihren Einzelheiten noch jenseits unseres Fassungsvermögens liegt, sollte man die Idee verfolgen. Ungeachtet des Ausmaßes, in dem wir die in der Schöpfung wirkenden unendlichen Gotteskräfte zu ergründen vermögen, sollten wir stets dieses erwachende Bewusstsein achten und seine zunehmende Erweiterung schätzen.

Wenn eine Krankheit eintritt, gibt es nur einen Weg, diese Unvollkommenheit und Begrenzung zu korrigieren - den Weg zum göttlichen Seelenfunken. Er wird uns aufgrund unserer Gebete mit der entsprechenden Quelle göttlicher Weisheit verbinden. Jeder Mensch trägt in sich die Herrlichkeit Gottes, deren Ausstrahlung allein durch seine Persönlichkeit begrenzt wird.

KAPITEL 8

DIE SIEBEN CHAKRAS

Der Mensch besitzt in jedem seiner sieben Körper sieben Haupt-Chakras. Die Aufgabe dieser Zentren besteht darin, dem Menschen die erforderliche Energie zuzuführen. Sie manifestieren sich zunächst im Ätherkörper, der dann seinerseits die entsprechenden Drüsen und Organe des physischen Körpers mit der nötigen Energie versorgt. Auch die übrigen Hüllen erhalten ihre spezifische Lebenskraft über ihre jeweiligen Chakras. So bedarf der mentale Körper anderer Energien als der astrale. Erst die Harmonisierung aller sieben Chakras bringt die sieben Körper in eine Ausrichtung. Wir unterscheiden die folgenden Haupt-Chakras und ihre entsprechende Lage im physischen Körper:

Wurzel-Chakra .... Wirbelsäulenbasis
Milz-Chakra .... Milz
Solarplexus-Chakra ... Nabel
Herz-Chakra .... Herz
Kehlkopf-Chakra ...... Kehle
Stirn- Chakra .... Stirn
Scheitel-Chakra .... Scheitel

Man kann ein Chakra mit einer »Untertasse« vergleichen, da seine Oberfläche gewölbt und nicht völlig flach ist. Von seiner Mitte gehen Energielinien aus, die den Speichen eines Rades ähneln und sich bei einem gesunden Menschen im Uhrzeigersinn drehen. Bei einer jungen Seele besitzen diese Energiezentren einen Durchmesser von etwa fünf Zentimetern. Im Laufe der Entwicklung eines Individuums können sie ein Ausmaß von bis zu fünfundzwanzig Zentimetern oder mehr erreichen.

Abgesehen von der täglichen Energiezufuhr, dienen die höheren Chakras noch einem weiteren Zweck. Sie öffnen uns die Tore zu den inneren Welten. Beginnend mit dem Herz-Chakra, fördern sie unsere Verbindung zu Gott, was in dem Bibelvers zum Ausdruck kommt: »Blickt empor und erhebet euch, ihr ewigen Tore, dass die Herrlichkeit des Königs eintreten möge.« (Ps. 24,7)

Diese Worte sprechen die Chakras der Monade oder des innewohnenden Gottesfunkens an. Doch jene göttlichen Energien erwachen erst kurz vor dem Erreichen der Meisterschaft.

Der Merkurstab, bekannt auch als der »Stab der Macht«, der unter der Herrschaft des göttlichen Selbst steht, symbolisiert die Wirbelsäule des Menschen. Die dem Allerhöchsten entspringende Ur-Energie strömt die Wirbelsäule abwärts. Außerdem werden die Chakras noch von zwei weiteren Energiequellen gespeist. Die dem Solaren Logos entstammende Vitalkraft fließt die rechte Seite der Wirbelsäule empor, das dem Planetarischen Logos entspringende Kundalini-Feuer hingegen die linke Seite. Alle drei Energieströme treten in unsere verschiedenen Körper durch ihre sieben Chakras ein - und zwar an den Enden ihrer Speichen, nicht in ihrer Mitte. Die göttliche Urkraft, die Lebens- und die Kundalini-Kraft sorgen sozusagen für den nötigen Brennstoff auf unserem Evolutionspfad zu den Höhen Gottes.

Das erste dieser Energiezentren, das Wurzel-Chakra, befindet sich an der Wirbelsäulenbasis. Es besitzt vier Speichen und strahlt die Farben Rot und Orange aus. In seiner niedersten Ausdrucksform dient das aufsteigende Kundalini-Feuer auf ätherischer Ebene in erster Linie der Zeugung, was sich im Sexualtrieb niederschlägt, der die zu diesem Zweck erforderliche Energie anregt. Diese Lebenskraft entspringt dem Zentrum der Erde auf den inneren Ebenen und kann aufbauend oder zerstörend wirken. In ihrer primitivsten Form ruft sie Sinnenlust, Aggressionen, Hass und Voreingenommenheit hervor. Die Folgen eines Missbrauchs sind weitgehend bekannt. Es ist die Absicht des Schöpfers, dass diese Energie allmählich die Wirbelsäule emporsteigt und alle höheren Chakras aktiviert. Auf astraler Ebene ruft das Kundalini-Feuer emotionales Verlangen hervor, auf der Mentalebene manifestiert es sich als die der Elternschaft zugrunde liegende Gedankenform. Im Herz-Chakra entfacht diese Energie tiefe, universelle Liebe, und im Kehlkopf-Chakra erweckt sie Furchtlosigkeit und Worte der Wahrheit.

Erst seit wenigen Jahren beschäftigt sich auch die wissenschaftliche Forschung mit der Natur der Chakras, insbesondere auf dem Gebiet der Heilung. Doch viele Aspekte dieser feinstofflichen Zentren liegen noch im Verborgenen. Auf der Kausalebene reagieren die Chakras beispielsweise anders als auf der ätherischen Ebene. Sie wölben sich stärker aufwärts, und die beiden unteren Chakras beginnen zu verblassen, da sie ihren Zweck erfüllt haben. Anstelle der physischen Wirbelsäule befindet sich in den inneren Körpern eine Art Faden, der die Lebenskraft beziehungsweise Ur-Energie weiterleitet. Gleichzeitig werden auch die beiden anderen Kräfte aktiviert, die Vitalenergie aus dem Solaren Logos und das Kundalini-Feuer aus dem planetarischen Logos. In den höheren Bereichen erwecken diese Impulse den Willen, sich für eine edle Sache einzusetzen und Moral und Charakter zu kultivieren. Mit zunehmender Entfaltung beginnen die oberen Chakras die Tore zu innerer Wahrnehmung und bewusster außerkörperlicher Erfahrung zu öffnen.

Das Milz-Chakra liegt im Bereich der Milz auf der linken

Bauchseite. Seine Aufgabe besteht darin, die Vitalkraft der Sonnenstrahlen aufzunehmen und an die übrigen Chakras weiterzuleiten. Dieses zweite Energiezentrum besitzt sechs Speichen und leuchtet in einer Farbmischung aus Rot, Orange, Grün, Blau, Gelb und Violett. In einem physisch gesunden Menschen erreicht es einen Durchmesser von mindestens fünfzehn Zentimetern, schrumpft jedoch erheblich und verliert seine farbige Strahlkraft, wenn eine Krankheit vorliegt. Spaziergänge, Gartenarbeit und Aufenthalte in der Natur fördern die Gesundheit dieses Chakras. Ein lebensfroher, energiegeladener Mensch besitzt immer ein einwandfrei funktionierendes Milz-Chakra.

Der Solarplexus befindet sich in Nabelhöhe und ist das empfindsamste aller sieben Energiezentren, da es alle uns umgebenden Schwingungen auffängt. Auf negative Strömungen reagiert es mit zunehmender Drehungsgeschwindigkeit, was sich in einem flauen Gefühl im Magen niederschlägt. Es dient in erster Linie als unser Warnsystem und macht uns darauf aufmerksam, ob Harmonie oder Unstimmigkeit, Ordnung oder Chaos, Sicherheit oder Gefahr vorliegt. Auch unser »unterbewusstes Gehirn« genannt, wirkt es als unser Überlebenswachtposten, »der täglich unsere Tore hütet«. Da die meisten, wenn nicht sogar alle unsere Sorgen und Ängste entweder grundlos oder erheblich übertrieben sind, sollten wir unsere Bedenken sorgfältig untersuchen und die törichten ausmerzen. Erst wenn wir gelernt haben, uns besser zu beherrschen, von den nichtigen Alltäglichkeiten Abstand zu gewinnen und unseren Glauben zu vertiefen, wird sich dieses Zentrum stabilisieren. Dann werden wir inneren Frieden erlangen. Andererseits jedoch müssen wir lernen, ein gesundes Gespür für tatsächliche Gefahr zu entwickeln.

Dieses Energiezentrum bringt jedoch nicht die Ursache eines vorliegenden Problems oder Angstempfindens zum Ausdruck. Es spiegelt lediglich die Gefühle des Augenblicks wider. Eine Begründung entstammt gegebenenfalls der Mentalebene und vermittelt einen Einblick in die vorliegenden Umstände. Das Herz-Chakra lässt uns die Empfindungen des Mitgefühls oder der geistigen Liebe, die wir einem bestimmten Menschen entgegenbringen, erkennen. Andererseits kann es uns aber auch vor der Unzuverlässigkeit und Falschheit eines Menschen warnen. Unsere Seele muss schließlich die feinen Aspekte der Unterscheidungskunst beherrschen, damit wir jenen, denen wir zugetan sind, nicht naiv verfallen und andere, die wir nicht leiden können, einfach ablehnen. Mit anderen Worten, wir dürfen nicht nur unseren Gefühlen folgen, sondern müssen nach Verständnis für die Gründe suchen, was sich in unseren Beziehungen dann bemerkbar machen wird.

Dieses dritte Energiezentrum besitzt zehn Speichen und leuchtet in den Farben Rot und Grün. Sorgen verdunkeln diese Farben, indem sie einen grauen Schleier über sie breiten, während Vertrauen und Mut sie aufleuchten lassen. Dieses Chakra reagiert auch am ehesten auf die beschleunigenden Frequenzen des göttlichen Lichts der Monade.

Das Herz-Chakra liegt in der Herzregion und ist auf der gegenwärtigen Evolutionsstufe das bei den meisten Menschen höchste, aktiv wirksame Zentrum. Das fünfte, sechste und siebte Chakra hat sich bei der Mehrzahl der Menschen noch nicht entfaltet, beginnt sich aber bei einer bemerkenswerten Anzahl von Individuen zu regen. Das Herz-Chakra ist gewöhnlich das größte und reflektiert die liebevolle, mitfühlende und selbstlose Natur der erwachenden Seele. Ausnahmen bilden die rein mental ausgerichteten Menschen, deren Herz-Chakra verhältnismäßig klein erscheint.

Es leuchtet vorwiegend in rosa Farbtönen, wobei seine zwölf Speichen verschiedene Grade von Blau ausstrahlen. Je höher die Seelenentwicklung, desto stärker überwiegt das Rosa. Fortgeschrittene Eingeweihte besitzen gelegentlich anstelle der blauen eher goldene Ausstrahlungen.

Der innewohnende Gottesfunken hat seinen Sitz in diesem Energiezentrum. Sein golden leuchtendes Licht dringt oft wie durch einen Spalt in der ätherischen Hülle hervor. Das Herz-Chakra kennzeichnet den Beginn der höheren Chakras, die uns auf die Erleuchtung vorbereiten. Seine Entfaltung zeigt sich in größerer Liebe und stärkerer Fürsorge im Hinblick auf Menschen, Geschöpfe, Bäume, Blumen und jegliche Lebensform. Je selbstloser wir zu lieben vermögen, desto reichlicher werden geistige Energien durch die zwölf Speichen in dieses Zentrum fließen.

Das Kehlkopf-Chakra bezieht sich auf unsere Stimme und deren Gebrauch. Seine edelste Tätigkeit besteht in der Verbreitung geistiger Wahrheiten. Sänger, Redner, Lehrer und Menschen, die ihre Stimme einsetzen, besitzen ein vergrößertes Kehlkopf-Chakra. Wenn wir es in aufbauender Weise einsetzen, vermögen unsere Worte andere zu inspirieren, denn unsere Rede entspringt der göttlichen Quelle. Wir nutzen so die Energie der Kundalini auf eine Weise, wie es ursprünglich beabsichtigt war. Bei einer Person, die negativ spricht, dreht sich das Chakra entgegen dem Uhrzeigersinn und veranlasst das Individuum zu übertriebener und nervöser Redseligkeit.

Weise Menschen schaffen ein Gleichgewicht zwischen Schweigen und lebhafter Unterhaltung. Man sollte sich ebenso Zeit zum stillen Nachdenken nehmen, um seine Gedanken und Gefühle zum Ausdruck zu bringen. Ohne diese Schweigeperioden läuft man Gefahr, sich in ziellosem Geschwätz zu verlieren. Das fünfte Zentrum mit seinen sechzehn Blütenblättern leuchtet in hellem Grün und Mittelblau, wobei einigen der Kraftlinien ein sanftes weißes Licht entströmt.

Das sechste Energiezentrum liegt etwas oberhalb der Augenbrauen in der Stirnmitte. Rosa-violette Farbtöne durchweben seine ansonsten hellblau-grüne Ausstrahlung. Es besitzt sechsundneunzig Speichen und trägt auch die Bezeichnung »Drittes Auge«, da es die Befähigung zur Hellsichtigkeit birgt.

Doch erst mit dem allmählichen Erwachen dieses Chakras beginnt es Farbe und Schönheit zu gewinnen. Wir sollten uns allerdings davor hüten, aus egoistischen Gründen dem Glanz und der Faszination des Geschauten zu erliegen, da die Gefahr besteht, sich in Oberflächlichkeiten und Phänomenen zu verlieren, die lediglich die Neugierde der anderen Menschen erregt. Innere Wahrnehmung ist nur dann sicher und glaubwürdig, wenn sie selbstdiszipliniert und weise in ein Gleichgewicht gebracht und aus selbstlosen Gründen angewendet wird.

Es gibt noch einen anderen Weg, der die hellseherischen Fähigkeiten einleitet, ohne verfrüht Anspruch auf sie zu erheben. Dies ist die Intuition, das unmittelbare Erfassen der Wahrheit, die uns in Form von Eingebungen, Einsichten und Erkenntnissen erreicht. Hinzu kommt, dass die Intuition allgemein verbreitet und annehmbar ist und nicht auf eine solche problematische Vergangenheit zurückblickt wie die Hellsichtigkeit, die sich nur schwierig bestätigen lässt.

Die Voraussetzung für eine gesunde Entwicklung intuitiver oder hellseherischer Fähigkeiten besteht in einer geistigen Lebensführung. Der Mensch muss sich von allen eigennützigen Angewohnheiten befreien und durch diese Läuterung Raum für das Neue in seiner Zukunft schaffen.

Die Aktivierung des Stirn-Chakras fällt mit dem Beginn geistigen Erwachens zusammen, einer Phase der persönlichen Entwicklung, die eine Reihe von größeren und kleineren Einweihungen mit sich bringt. Die Wahrnehmung, die bis dahin hauptsächlich von der äußeren Realität bestimmt wurde, tritt nun den inneren Wirklichkeiten gegenüber, und die Lebenserfahrungen unterziehen sich einer fortlaufenden Transformation. Die Aktivität der Chakras verschiebt sich insofern, als die niederen ihre Lebendigkeit zugunsten der höheren verlangsamen. Dieser Wandel im menschlichen Dasein, das Erwachen innerer Wahrnehmung, gehört zu den bahnbrechendsten und lichterfülltesten Veränderungen. Einem Sonnenaufgang gleich, offenbaren sich Stufe um Stufe die lichten Wirklichkeiten.

Im Gegensatz zum Stirn-Chakra, dem Sitz des sechsten Sinnes, bringt das entwickelte Scheitel-Chakra den »siebten Sinn« zum Ausdruck. Es erlaubt dem Menschen, bewusst den physischen Körper zu verlassen und die inneren Welten aufzusuchen. Zunächst verfügen wir jedoch nur während des Schlafes über diese Fähigkeit, die uns zum Zwecke der Belehrung an verschiedene Orte führt. Um uns davor zu bewahren, dass wir die Verbindung zur irdischen Hülle verlieren, sind wir durch ein elektrisches Band mit ihr verknüpft, damit wir sicher zurückkehren können. Bei voller Funktionsfähigkeit des Scheitel-Chakras kann dieser Vorgang auf Befehl der Seele bewusst unter Begleitung des Schutzengels vorgenommen werden. Auf diese Weise vermag man die »Hallen des Lernens in Shamballa«, das »Neue Jerusalem«, die erhabenen »Zitadellen des Lichts« und sogar andere Planeten bei vollem Bewusstsein aufzusuchen.

Dieses Chakra spielt auch beim physischen Tod eine wesentliche Rolle. Wenn der Zeitpunkt gekommen ist, sendet es einen elektrischen Stromstoß durch den ätherischen und physischen Körper, der die Funktionstätigkeiten dieser Hüllen beendet. Der Astralkörper wird dadurch als Vehikel für die in ihre lichte Heimat zurückkehrende Seele freigesetzt.

Dieses herrliche Energiezentrum mit seinen neunhundertsechzig blütenblattartigen Kraftlinien erstrahlt in den Farben der Orchideen und in Gelb.

Die sieben Chakras bilden eine Entwicklungskette. Die beiden ersten Zentren, das Wurzel-Chakra und das Milz-Chakra, erfüllen vorwiegend physiologische Funktionen und bestimmen die Gesundheit und das Wohlbefinden unseres physischen Körpers. Das Solarplexus- und das Herz-Chakra reagieren besonders empfindsam auf unsere persönlichen Gefühle und fördern unsere Selbstbeherrschung und Reife. Die drei oberen Chakras, Kehlkopf, Stirn und Scheitel, werden von unserer erwachenden Seele beherrscht und bilden die Tore zu Erleuchtung und Einweihung. In dieser Rangordnung entfaltet jedes Zentrum seine eigene Durchlässigkeit für die göttlichen Energien.

Als letztes wollen wir uns der geheimnisvollsten aller Kräfte zuwenden, die die Wirbelsäule emporfließt, dem sogenannten Kundalini-Feuer. Ein Hellseher nimmt es auf allen Ebenen, von der physischen bis zur monadischen, als hell leuchtende Flamme wahr. Wenn es weise gehandhabt wird, wirkt es Wunder. Es ruft die Fortpflanzungskraft hervor und bildet die Quelle von Licht, Schönheit und innerer Schau, die eine begabte Seele ihre Schöpferkraft entfalten lässt. Es bewirkt die mystische Erfahrung der Erleuchtung und entfacht die läuternden Flammen der Meisterschaft.

Dieses heilige Feuer ruht in jedem einzelnen Menschen von Beginn seiner Erdenreise an. Im Laufe seines Fortschritts wandert es die Wirbelsäule hinauf und entflammt dabei ein Chakra nach dem anderen. Jedes Erwachen setzt einen Meilenstein in der Aufwärtsentwicklung des Individuums, so dass es in jeder darauf folgenden Inkarnation nochmals kurz die bereits erfolgte Erweckung eines Chakras erlebt, was zur Erinnerung an seine jeweilige Entwicklungsstufe führt.

Die Energiezentren reagieren auf unsere positive Einstellung, eine Tatsache, die wir erkennen und schätzen lernen sollten. Wenn uns etwa das Vorbild eines großen Menschen dazu angeregt hat, der Vergeistigung unseres Willens große Aufmerksamkeit zu schenken, dann beginnen sich alle Zentren rascher im Uhrzeigersinn zu drehen. Besonders das Stirn- und das Scheitel-Chakra werden aktiver. Falls wir während der Woche vor Weihnachten oder Ostern die inneren Geistströme dieser machtvollen Zeitperioden spüren, öffnen sich die Chakras ebenfalls weiter und sind empfänglicher als gewöhnlich.

Wir sollten nicht vergessen, dass eine Unterbrechung der Verbindung zu den höheren Energien die Gefahr eines Zusammenbruchs unseres normalen Wohlergehens birgt. Sobald Leiden, Missbrauch oder Vernachlässigung eines dieser Zentren schwächt, öffnen wir selbst die Tore für Funktionsstörungen oder Krankheiten. Alle gestörten oder anormalen Zustände schlagen sich in einer gegen den Uhrzeigersinn gerichteten Drehung der Chakras nieder. Diese gegenläufige, unnatürliche Bewegung führt zu verschiedenen Krankheitssymptomen oder Schmerzen, die uns darauf aufmerksam machen, dass etwas in unserem Inneren nicht stimmt. Solche Situationen können nur behoben werden, indem wir ihnen durch Gebet, Vorstellungskraft und die Bereitwilligkeit, unsere Sichtweise zu ändern, entgegenwirken.

Am besten ergreifen wir von vornherein die Initiative und konzentrieren uns auf die Entfaltung dieses lebendigen Energiesystems, indem wir seine Wirklichkeit erkennen und auf seine harmonische und gesunde Entfaltung hinarbeiten.

Wir stehen an der Schwelle eines neuen Jahrtausends, das die bereits gewonnenen Erkenntnisse vertiefen wird, denken wir nur an die Chakras in Bezug auf das weite Feld ganzheitlicher Medizin. Doch mittels Meditation und Visualisation können wir heute schon eine bewusste und lebendige Verbindung zu jedem einzelnen Energiezentrum herstellen.

KAPITEL 9

DIE INTELLIGENZ DER KÖRPERATOME

Mit den Körperatomen wenden wir uns einem geheimnisvollen und ungewöhnlichen Bereich zu. Jeder der sieben Körper des Menschen besteht aus Trillionen winziger Elementale, die auf Nachlässigkeit ebenso reagieren wie auf Achtsamkeit. In Anbetracht ihrer lebenswichtigen Einflussnahme auf Gesundheit und Ausgeglichenheit sollte sich der Mensch für letzteres entscheiden.

Diese winzigen Energiepartikel wirbeln wie Sterne in einem Miniatur-Universum um ihre eigene Achse und bilden die Bausteine unserer Existenz. Es ist wichtig, diese Kraftzentren des Lebens von der Seelenebene aus anzusprechen, indem wir uns ihre Wirklichkeit vor Augen halten und uns ihrer bewusst werden. Bewusstheit ist die Schwelle, die wir überschreiten, wenn wir uns dem Unsichtbaren nähern. Wir sollten die Myriaden atomarer Intelligenzen in uns wohlwollend segnen und dadurch unser Vertrauen auf ihre Macht vertiefen; so vermögen sie uns zu erheben und die Grundlage für unseren Evolutionsprozess zu legen.

Die Atome unseres Mentalkörpers müssen wir dazu veranlassen, sich auf Gott auszurichten und zu fühlen, wie sich das leuchtend reine Seelenlicht auf die feinstofflichen Hüllen des Verstandes ergießt. Danach senden wir unseren mentalen Fähigkeiten Liebe und Hoffnung, damit sie still und ruhig auf das göttliche Licht reagieren. Mittels unserer Intuition müssen wir diesen Körper immer wieder überprüfen, um festzustellen, ob sich unser Erinnerungsvermögen verbessert, unser Wissen vermehrt und unsere Intelligenz erhöht hat.

In gleicher Weise bitten wir, dass das geistige Licht die Körperatome unseres emotionalen, beziehungsweise astralen Trägers durchlichten möge. Dieser Körper bäumt sich gewöhnlich am stärksten gegen den Geist auf. Anschließend senden wir das göttliche Licht in seine unzähligen atomaren Formen, wenn wir nachts die inneren Welten betreten. Liebevoll weisen wir dann die Astralhülle an, ihr kindisches Gehabe und ihre Neigung zu instinkthaften Gefühlen aufzugeben. Wir verwandeln solche Emotionen, indem wir unsere Astralkörper darauf ausrichten, jene Gelassenheit anzustreben, die allem Schönen und Edlen entspringt.

Nun konzentrieren wir das geistige Licht auf die nebelhafte Form unseres Ätherkörpers, der am leichtesten gestört werden kann und auf negative oder positive Einflüsse sofort reagiert. Hellseherisch würde man wirbelnde, hellrosafarbene Elektrofelder wahrnehmen, deren Kraftlinien nach unten weisen, wobei sie die Energien freisetzen. Die höchst empfindsamen Ätheratome reagieren augenblicklich auf den lichten Segensstrom, der wie ein Laserstrahl gleich auf sie konzentriert wird, wenn der Mensch sich auf Gott ausrichtet. Die Öffnung des Ätherkörpers im Gebet wird von dem eindeutigen Empfinden körperlicher Leichtigkeit begleitet. Dann sollte der blaue Prana-Strom herabgerufen werden, um die atomare Struktur wiederherzustellen und sie mit bleibender Lebenskraft zu versorgen.

Aufgrund ihrer Sensitivität reagieren die Ätheratome augenblicklich auf plötzliche Veränderungen oder Launen. Wenn wir unvermittelt von Freude oder Hingabe zu Ungeduld und Angriffslust umschwenken, lassen sie sofort ihre nach außen gerichteten Energieströme nach unten sinken. Da sie in dieser Position jedoch nicht neu belebt werden können, müssen wir uns mittels

Gebet und Vorstellungskraft so lange bewusst auf eine aufwärtsstrebende Zirkulation ihrer Energien konzentrieren, bis sich der normale Fluss der Ätherkraft wieder eingestellt hat.

Als nächstes wollen wir das Licht des innewohnenden Geistes über die Seele in den physischen Körper leiten. Bei diesem Vorgang spielt das dritte Chakra, unser unterbewusstes Gehirn, eine wesentliche Rolle, weil es am schnellsten auf eine Beschleunigung anspricht. Da die Vitalkräfte unseren gesamten Organismus entweder aufwärts- oder abwärtsfließend durchströmen, obliegt es diesem Zentrum, die Richtung zu bestimmen. Wir müssen lernen, unser unterbewusstes Gehirn in einer solchen Weise liebevoll und bestimmt anzusprechen, dass es unverzüglich gehorcht.

Am Kopf beginnend, stellen wir uns mit der gleichen Bestimmtheit die unzähligen Myriaden von Atomen vor, die den gesamten Kopfbereich ausmachen. Flower Newhouse empfahl die folgende Übung: »Nenne die Intelligenzen beim Namen, vor allem jene Elemente, die der besonderen Aufmerksamkeit bedürfen. Lasse das Licht zum Kehlkopfbereich gleiten und sprich auch die Intelligenzen dieser Region persönlich an. Sollte eine Schilddrüsenabnormalität vorliegen, so bitte darum, dass die vom Schöpfer beabsichtigte Urform wiederhergestellt werden möge. Lenke Stufe um Stufe deine Aufmerksamkeit durch den gesamten Körper, wobei jede Seite getrennt behandelt werden sollte. Nenne jedes Organ, jeden Bereich mit Namen und erbitte seinen gottgewollten, ursprünglichen Zustand. Verweile etwas länger bei den Problemzonen. Fordere das unterbewusste Gehirn auf, gerade an diesen Stellen von nun an besondere Aufmerksamkeit walten zu lassen. Anweisungen an einzelne Organe oder Regionen können täglich variieren, müssen inhaltlich aber immer den göttlichen Befehl enthalten, positiv und uneingeschränkt auf die göttliche Urform zu reagieren und ihrem Zweck entsprechend einwandfrei zu funktionieren.«

DIE ATOMAREN RINGE*)

In diesem Zusammenhang empfiehlt es sich, auf die spezielle Natur der »elektrischen Atomringe« näher einzugehen. Nur wenn die den Kern der atomaren Intelligenzen umhüllenden Kraftbänder mit derselben Geschwindigkeit rhythmisch zusammenwirken, wird sich die in jedem der Ringe eingeschlossene Kraft entfalten und die gesamte Innenwelt beeinflussen.

Das innerste Kraftband trägt die Bezeichnung »Edam-Ring«. Dieser enthält das Gedächtnis der Natur, in dem die Erinnerungen eines Individuums, die es im Laufe seiner Inkarnationen gesammelt hat, gespeichert sind. Um sich von den Rückständen negativer Eindrücke, die sich über die Jahrhunderte hin unvermeidbar angehäuft haben, zu befreien, muss man sich sorgfältig darum bemühen, dass der Edam-Ring ununterbrochen positive Eindrücke aufnimmt. Das gesamte Atom wird dadurch allmählich mit lichten, positiven Energien angereichert, bis der Zeitpunkt gekommen ist, an dem die Kraft dieser gesunden Strömungen, die der Mensch durch seine bewussten Entscheidungen hervorgerufen hat, alle verborgenen negativen Energien läutern und in positive Energien umwandeln wird. Die Kräfte der Vergangenheit können dann den Menschen nicht mehr länger beeinflussen.

Das mittlere Band, der sogenannte »Poreas-Ring«, bedarf sorgsamster Beachtung und Pflege. Sobald wir seinen Rhythmus durch falsche Denk-, Gefühls- oder Lebensweisen stören oder sogar unterbrechen, besteht die Gefahr, dass er sich gegen den Uhrzeigersinn zu drehen beginnt und seine Struktur sich dadurch schwächt. Eine Vernachlässigung dieses Energierings mag sogar dazu führen, dass ganze Atome mit ihren leuchtenden Zentren zerfallen

*) Nähere Erklärungen finden sich im Buch »Das Christuslicht«!

oder entarten, was Krankheiten hervorruft und dem Leben allmählich ein Ende setzt.

Der »Poreas-Ring« enthält den Bauplan für die physische Form. Er setzt unablässig Energien frei, die den jeweiligen Körper durchdringen. Das Energieband wirkt beständig auch auf diejenigen Aspekte ein, die das Individuum hinsichtlich seiner Erbmasse fördern werden. Fehlt es den elterlichen Genen aufgrund geschwächter, sich dürftig drehender »Poreas-Ringe« an Vitalität, übertragen sich keine Ähnlichkeiten. Werden jedoch Spannungen, Schwächen und ungenügende Funktionstüchtigkeit zugunsten positiver Ausrichtung überwunden und das Individuum so auf Kräfte der Gesundheit eingeschwungen, dann besteht durchaus die Möglichkeit, dass sich Krankheiten und andere Beschwerden nicht vererben.

Das dritte und äußere Band, der »Orium-Ring«, sorgt für Vitalität. Diese strahlende Energiequelle dreht sich um die Welt eines jeden Atoms. Wie eine physische Sonne bewegt sich das Band mit ungeheurer Geschwindigkeit und belebt alle Energiefelder. Es sendet die von dem Atom freigesetzten Energien durch den ganzen Körper, in dem es tätig ist.

Verletzen wir etwa unseren Fuß, so werden alle drei Ringe in Mitleidenschaft gezogen. Der »Orium-Ring« wird am stärksten davon betroffen, da sich sein Rhythmus verlangsamt und er die Fähigkeit verliert, Elektroenergien aus dem Bereich seines strahlenden Zentrums freizusetzen. Seine besondere Aufgabe besteht nämlich darin, diese elektrischen Ladungen emporzuziehen und in den Körper zu senden, um ihn mit Leben zu versorgen. Der Grad der Gesundheit eines Menschen hängt von der Stärke dieser Entladung ab. Der »Orium-Ring« zeigt sich von allen drei Bändern als der empfindsamste, und sein Einflussbereich übertrifft den der anderen bei weitem. Aus diesem Grunde kann man ihn leicht bewusst steuern. Er schwingt sich auf eine optimistische, positive Lebenseinstellung ein, was sich im energetischen Gesamtbefinden bemerkbar macht.

Sollten wir an der Methode selbst zweifeln oder teilnahmslos nur die einzelnen Schritte nachvollziehen, vermögen wir keine starke und eindeutige Reaktion hervorzurufen. Anders jedoch verhält es sich, wenn wir uns vertrauensvoll und eifrig mit Demut an unsere inneren Energiefelder wenden. In dem inneren Ring-System liegt der Schlüssel zur Gesundung. Durch ihn können kranke oder alternde Organe neu belebt und die seelische Niedergeschlagenheit umgewandelt werden.

In seinen atomaren Feldern ruhen die Werte, die ein Mensch angesammelt hat. Nach Vollendung eines Erdenlebens werden alle darin zusammengetragenen atomaren Energien der Lebenserfahrungen in der Akasha-Chronik aufbewahrt. Die Kunst eines spirituellen Lebens besteht in dem Lernprozess, die atomaren Intelligenzen in einer Weise zu leiten, dass sie im Rhythmus arbeiten, wobei jedes Band das Atom feurig umkreist und hochfrequente Elektroenergien in die Aura des Individuums aussendet.

Flower Newhouse empfahl daher als tägliche Übung: »Rufe im Anschluss an die tägliche Meditations- und Gebetsarbeit das Gotteslicht in jeden deiner sieben Körper herab. Beginne mit dem Gottesfunken. Halte dir einen Augenblick lang vor Augen, wie der Sonnenaufgang des Göttlichen dein höheres Selbst erfüllt und siehe diesen Lichtstrom deinen Adonai überfluten, den du beim Namen nennst und als den Träger anerkennst, der das Gotteslicht auffängt und als dessen Durchlassgefäß dient. Verfolge, wie das Licht zunächst in deine Seele und anschließend, der Reihenfolge nach, die vier übrigen Körper erfüllt, indem es die unzähligen Atome, die jedes Vehikel enthält, reinigt, erneuert und stärkt. Lenke im weiteren Verlauf dieser Behandlung die Atome in neue Lebensstrukturen, bevor du die einzelnen Ringe selbst ansprichst. Wende nun deine Aufmerksamkeit diesen lebenssprühenden

Energiebändern zu, indem du gebietest, dass alle drei Ringe in allen Körpern gleichzeitig gereinigt werden.

Bei einer anderen Gelegenheit vertiefe deine Arbeit an den Atomen, indem du zum Abschluss sprichst: »Möge der Strom des unendlichen Gotteslichts in das Herz des Atoms dringen und es aufglühen lassen wie eine wahre Sonne. Mögen die unzähligen Sonnen in mir meinen Körper auf allen Ausdrucksebenen durchlichten.«

Die Erkenntnis dieses Mikrokosmos in dir, der den Baustein für alle sieben Vehikel bildet, bietet deiner Meditationsarbeit eine große Chance. Der Meister, der die Arbeit an den atomaren Intelligenzen inspirierte, fügte einmal hinzu: »Derjenige, der die Atome irgendeines Bereichs zu beherrschen versteht, vermag das Leben zu beherrschen.« Meisterschaft bedeutet, die vollkommene Beherrschung aller Körperatome.

KAPITEL 10

DIE VIER ELEMENTE

In vielen Schriften und Vorträgen ging Flower A. Newhouse auf die Beziehung zwischen den sieben Körpern und den vier Naturreichen ein. Aus diesem Grunde soll an dieser Stelle den wesentlichen Punkten ihrer diesbezüglichen Lehren Beachtung geschenkt werden, da sie Licht auf die eigentliche Funktionstätigkeit der einzelnen Körper werfen und das Verständnis für sie erweitern.

Die einzelnen Elemente stehen in Beziehung zu den vier Himmelsrichtungen: Das Feuerreich zum Osten; das Luftreich zum Westen; das Wasserreich zum Süden und das Erdreich zum Norden. Aus diesem Grunde sollte man sich immer der jeweiligen Himmelsrichtung zuwenden, wenn man seine innere Verbundenheit mit einem der Elemente vertiefen möchte.

FEUER

Das Feuer wird als das reinste und göttlichste Element betrachtet. Unser Leben entsprang dem Feuer des Einen Gottes. Unser Geist, ein Funke des Allerhöchsten, ist eine reine Flamme, deren Form und Eigenschaften in ihrem Mysterium weit jenseits unseres Fassungsvermögens liegen. In ihrem Ursprung besitzt diese Lebensflamme keine Hitze, da es keine Reibung gibt. Erst mit deren Entstehung wird Hitze erzeugt. Die Flamme, die eins ist mit dem feurigen Gottesgeist, projiziert ihre Kräfte so lange auf den Planeten, bis eine physische Existenz möglich wird. Dort, wo die Lebensströme auftreffen, kann man Eigenschaften finden, die sich auf das Feuer-Element beziehen, wozu Elektrizität, Hitze, Licht und Bewegung gehören.

Ohne den in jedem einzelnen Menschen ruhenden göttlichen Plan für sein Erdendasein könnte er nicht überleben. Man bedenke, wie der Lebensstrom den Körper durchkreist. Das Blut trägt das Element der Hitze in sich, deren Temperatur das Feuer des Lebens anzeigt. Dem Willen des Geistes zufolge sorgt das Herz für jene Bewegungen, die den physischen Körper beleben. Im Astralkörper drückt sich das geistige Feuer als Inbrunst, Begeisterung, Ansporn, der Wille zum Fortschritt und die Selbstbeherrschung aus. Menschliches Verlangen jedoch fällt nicht in diesen Bereich, denn das Lebensfeuer ist in jeder Hinsicht rein und zielgerichtet. Wenn man über die Gesundheit des Körpers nachsinnt, erkennt man, dass der Geist ein geläutertes Leben beabsichtigt. Nähert man sich in seinem Emotionalkörper wahrer Aufrichtigkeit, so schwingt er in Einklang mit der geistigen Flamme.

Auf mentaler Ebene bringt sich der Lebensstrom als die treibende Kraft zum Ausdruck, Wissen zu erlangen. Auch hier wird die sprühende Kraft der Flamme in dieses Reich getragen und belebt die intellektuellen Fähigkeiten des Schülers, wenn sich seine Interessen und Gedanken ihrem Einfluss öffnen und ihn aufnehmen. Dann kann er den Alltag nach den intuitiven Impulsen absuchen, die ihm mentalen Fortschritt bieten.

Auf der Seelenebene äußern sich die Lebenskräfte als Spontaneität, Natürlichkeit und Schönheit. Sie tauchen völlig unerwartet als höchst schlichte, aber in ihrer Vollkommenheit unübertroffene Intuitionen auf.

Im Bereich des Adonai liegen sie verborgener vor und konzentrieren sich ausschließlich auf das Wesen der Reinheit. Hier gibt es keine Beimischungen, keine Vermischungen, keine Konflikte, die die Klarheit dieser Flamme lebendigen Lebensbewusstseins, die im Einklang mit dem Rhythmus der Schöpfung pulsiert, stören könnten.

Um ein gesundes, frohes und erfolgreiches Leben führen zu können, müssen wir uns um die Reinheit unserer Absichten und Beweggründe bemühen. Der Mensch neigt dazu, die Wahrheit aufs Spiel zu setzen, nur um einen falschen Eindruck zu erwekken, Gunst zu gewinnen, Kritik zu vermeiden oder unangenehmen Konfrontationen aus dem Wege zu gehen. All dies sind Verhaltensweisen, die später Probleme verursachen werden.

Es wäre daher ratsam, die eigenen Motivationen sorgsam auf ihre Echtheit hin zu überprüfen und gegebenenfalls zu ändern. Will man seinen gesundheitlichen Zustand verbessern, muss man immer zuerst die innere Verbindung zur Rechtschaffenheit wiederherstellen, denn man sollte niemals versuchen, einen Kompromiss mit seinem Gottesfunken zu schließen. Wir dürfen das Licht nicht zu verhüllen suchen und unserem göttlichen Selbst untreu werden, weil wir andere in unsere Überlegungen mit einbeziehen. Wir sollten uns auf jeden Fall aus dem Gefecht sich widerstreitender Interessen heraushalten, ganz gleich wie edel sie sein mögen. Wir müssen den Wert der Aufrichtigkeit und echten Motivation erkennen und daran denken, welchen Segen es bringt, wenn wir unseren Körper nicht mit dem Gift der vom Instinkt getriebenen Natur belasten. Es ist wichtig, den Emotionalkörper in einer Weise zu stärken, dass er sich in reiner Begeisterung zum Ausdruck bringen kann. Wir wollen jeden Tag unsere Gedanken auf den Willen und das Feuer des innewohnenden Geistes richten, um die Meisterschaft über unseren Mentalkörper zu erlangen.

Dann müssen wir die Einfachheit entdecken, mit der die Seele ihre wesentlichen Ziele verfolgt und ihre Anweisungen beachten, die sie uns über unsere Intuition vermittelt. Wir dürfen nicht vergessen, uns immer wieder das elektrisierende Lebensfeuer ins Gedächtnis zurückzurufen, das unseren Geist durchfließt und sollten uns klarmachen, dass ein ununterbrochener Strom dieser Energiewellen zum physischen Körper hin eine starke Verbindung zwischen allen Bewusstseinsebenen aufbaut.

LUFT

Das Luftreich besitzt seinen Ursprung in der erhabenen Weisheit der Gottheit. Dieses Reich steht dem Bewusstsein am nächsten und manifestiert sich auf der Mentalebene als Denkvermögen. Auf der Seelenebene dient es mittels der Intuition der unmittelbaren Wahrnehmung. Im Adonai bildet es den Altar der Allwissenheit. Weisheit ist stets mit Bewegung, Neugeburt und Erneuerung verbunden. Die Oberaufsicht über das gesamte Luftreich liegt im Verantwortungsbereich erhabener Wesenheiten, die die Pfade geistigen Wachstums bestimmen, die zur Erleuchtung führen.

Die Segnungen des Luftreiches werden symbolisch über die Lunge aufgenommen. Diese dient nicht nur der Sauerstoffzufuhr, Reinigung und Belebung des physischen Körpers, sondern durch sie atmen wir gleichzeitig göttliche Weisheit, göttlichen Willen und göttliche Erkenntnis in die höheren Körper ein.

Das Luftreich fordert vom Menschen, dass er seine Dankbarkeit für die Gabe der Weisheit und den Fortbestand individueller Existenz zum Ausdruck bringt. Aus diesem Grunde sollten wir uns des öfteren mit jedem Atemzug ins Gedächtnis rufen, dass wir die alles durchdringende und belebende Weisheit Gottes in jede Zelle unseres Seins einatmen. Mit jedem physischen Atemzug müssen wir uns bewußt machen, dass wir gleichzeitig auf astraler, mentaler, kausaler, adonaischer und göttlicher Ebene einatmen.

Die Luft ist ein heiliges Instrument, da sie uns nicht nur die Frequenzen des höchsten, uns im Sonnenlogos sichtbaren Eingeweihten bringt, sondern auch die Energiewellen aus den Ebenen Gottes. Jedesmal, wenn wir einatmen, sollten wir daran denken, dass wir den Geist Gottes einatmen, der uns von negativen Zuständen befreien oder positive Bedingungen hervorrufen kann. Fortgeschrittene Seelen sind von einem Duft der Heiligkeit umgeben, was auf ihre Verwandtschaft mit den hohen Frequenzen der Kausalwelt hinweist. Mit jedem tiefen, reinigenden Atemzug verbinden wir uns innerlich mit dem Geist Gottes in uns.

Der flammengleiche Geist setzt Energieströme in Bewegung, die wir als Klangschwingungen kennen. Wenn wir unsere physische Hülle gepflegt und aufgrund edlerer Lebensführung eine reine Atmung erworben haben und stets daran denken, uns mit jedem Atemzug auf die Gegenwart des Gottesgeistes einzuschwingen, dann sind wir seiner Gaben würdig, besonders der Gabe des Hellhörens.

Es gestaltet sich sehr schwierig für den Menschen, Verbindung zu den über das Luftreich wachenden Wesenheiten aufzunehmen. Die erhabenen und völlig unpersönlichen Feuer-Devas neigen eher dazu, auf Bitten zu reagieren, als die Bewohner der Luft. Dies liegt darin begründet, dass letztere in ununterbrochener Verbindung mit den Energiequellen stehen müssen, die sie ganz bewusst mit jedem Atemzug in sich aufnehmen. Ihre gelegentliche Nähe zur Erd-Aura stellt sie vor die größten Prüfungen. Wenn sich die Notwendigkeit für diese reinen Lichtwesen ergibt, aus ihren Höhen hinabzusteigen, gleicht dieser Abstieg einem momentanen Eintauchen in die Gase einer höchst abstoßenden Substanz. Aus diesem Grunde finden wir nicht viele dieser herrlichen Luftwesen im Bereich von Großstädten. Sie halten sich immer in stark mit Prana angereicherten Gebirgshöhen auf.

Sollten wir Zugang zu jenen Wesenheiten wünschen, können wir nur mit ihnen in Verbindung treten, wenn wir uns innerlich darauf vorbereiten, indem wir unsere Körper, unseren Atem sowie unsere Gedanken und Ausstrahlungen reinigen. Unsere Gedanken stellen die Luftströmungen dar, die uns aus der Mentalwelt kommend durchdringen. Wenn wir uns bewusst des tiefen Einatmens erfreuen, dürfen wir nicht vergessen, dieser Lichtwesen zu gedenken, die sich dem Erklingen des »göttlichen Wortes« widmen, denn ohne die vermittelnde Luft gäbe es keinen Klang.

Dieser wunderbare Chor, der die Sphärenmusik hervorbringt, setzt sich in erster Linie aus den Bewohnern des Luftreiches zusammen. Nur sehr selten wird man unter ihnen Angehörige des Erd-, Wasser- oder Feuerreiches finden.

WASSER

Das Element Wasser symbolisiert die Emotionen und entspringt dem göttlichen Willen. Aus diesem Grunde besitzt der geistige Wille in uns auf der Ebene des Gottesfunkens und des Adonai größte Offenheit und reagiert auf die leisesten Anzeichen des Unendlichen Willens, obgleich wir uns der außerordentlich intensiven Inspiration kaum bewusst sein mögen. Auf der Seelenebene wird das Wasserreich in Form von schöpferischer Vorstellungskraft, Intuition und der Aufnahmefähigkeit bewusst gelenkter Geistesenergien aus den inneren Welten vertreten. Wenn wir uns auf die Kausalebene einschwingen und uns für ihre Offenbarungen öffnen, sollten wir darauf achten, dass wir uns selbst völlig leer machen, um empfangen zu können. Die Kreativkräfte dieser Welt rufen Reaktionen hervor, die wir als Emotionen erleben. Doch es handelt sich dabei eher um Empfindungen der Begeisterung und des Entzückens, die sich von den ansonsten in dieser Dimension erzeugten Gefühlen unterscheiden.

Auf mentaler Ebene finden die Merkmale des Wasser-Elements als Imagination, intellektuell bahnbrechende Ideen sowie eine erhöhte geistige Tätigkeit ihren Niederschlag. Im Astralbereich gleichen die hervorgerufenen Emotionen den 'aufgewühlten' Wassern dieses Naturreiches.

Da die größten Probleme und zwingendsten Herausforderungen des Menschen im Wasser-Element liegen, sollte er der Beherrschung seiner 'Wasser-Natur' besonders sorgfältige Aufmerksamkeit schenken. Wir wollen uns die Emotionen als klares Wasser vorstellen, gehalten im physischen Körper, der ja zum größten Teil aus Wasser besteht. Damit der Strom rein und klar bleibt, müssen auch die Kanäle, durch die er fließt, sauber sein. Wenn jedoch Rückstände die Wasser-Natur des emotionalen Selbst trüben, kann es auf einen fehlerhaften physischen Körper, durch den Unreinheiten eindringen können, zurückzuführen sein oder aber auf bestimmte Verhaltensweisen und Angewohnheiten, die vergiftende Kräfte in das Gefäß sickern lassen.

Sobald wir uns dem Ewigen in demütiger Andacht, mit reinem und aufrichtigem Herzen zielgerichtet zuwenden, halten wir in diesem Augenblick die »Wasser des Geistes« klar. Unsere tägliche Hauptaufgabe besteht darin, ihren Strom von der kausalen durch die astrale Ebene funkelnd rein zu erhalten.

Wasser vermag auf die Dauer stärkste Hindernisse zu beseitigen, indem es sich seinen eigenen Weg bahnt. Soll es rein bleiben, insbesondere in Verbindung mit der emotionalen Natur, müssen sich auch alle anderen Kräfte und Tiefen, die es auf seinem Weg berührt, in einem Zustand der Reinheit und Schönheit befinden. Mit anderen Worten, wir müssen Disziplin üben, ohne dabei in Starrheit zu verfallen. Eine widerspenstige Gefühlswelt macht jegliche Lebensfreude zunichte.

Wenn ein bestimmter Körper der Reinigung von angesammelten Ablagerungen bedarf, können wir uns bewusst an jene Ströme der Erneuerung und Heilung wenden, die sofort auf unseren Ruf reagieren und in den entsprechenden Bereich fließen.

Innere Kämpfe, Frustrationen und Niedergeschlagenheit tragen zum Schutt unserer emotionalen Natur bei, den jene heilenden Wasser fortzuspülen vermögen. Beharrlich müssen wir diesen Strom aus den lichten Bewusstseinshöhen herabrufen, bis wir spüren, dass jegliche Bitternis, Traurigkeit und Unreinheit geläutert wird. Immer wieder wird unsere niedere Natur Schranken errichten, die wir bewusst einreißen müssen, indem wir uns für die starken Strömungen der gesunden, verwandelnden Elemente öffnen, die uns aus den Tiefen unseres höheren Selbst erreichen.

Da Wasser über magnetische Eigenschaften verfügt, wird es bei der Taufe benutzt. Wenn wir in andächtiger Hingabe vor den Allerhöchsten treten, empfangen wir die Taufe mit den ewigen Wassern. Wir haben die Verpflichtung, unsere Emotionen auf allen Lebensebenen umzuwandeln und in Form von aufbauenden Gefühlen edler Art zu verbreiten. Wir müssen darauf achten, dass unsere Emotionen und der damit verbundene persönliche Magnetismus nicht die Stürme der Instinkte auslösen. In Zeiten stiller Einkehr gedenken wir des reinigenden Lebensstromes aus den Höhen unseres Seins. Wenn wir der Läuterung unserer Gefühle bedürfen, müssen wir darum bitten, dass uns der »Wein des Lebens« auf innerer Ebene gereicht werde.

Wann immer wir mit Wasser in Berührung kommen, beim Baden oder Schwimmen, wenn wir es trinken oder nur einfach betrachten, sollten wir uns vor Augen halten, dass es sich um ein höchst sensitives Element handelt, dessen Berührung vom Menschen die Beherrschung seiner Gefühle verlangt. Jedesmal, wenn wir Wasser betrachten oder es gebrauchen, müssen wir erkennen, dass auch wir durch seine Lebenskraft und seine magnetischen und reinigenden Eigenschaften befreit, erfrischt, erneuert und geläutert werden.

ERDE

Das Feuer-Element entspringt dem Geist Gottes, und unser Geist empfängt sein Licht aus dem unendlichen göttlichen Feuer. Das Luftreich steht im Zusammenhang mit der göttlichen Weisheit unseres eigenen Geistes, und die höchste Eigenschaft des Wasserreichs liegt im geistigen Willen. Wir wollen nun das Erd-Element und seine Rolle im Leben betrachten.

Im Gegensatz zu der Freiheit in den übrigen Körpern und den entsprechenden Ebenen der inneren Welten bedeutet die physische Hülle für den Geist ein grausames Gefängnis. Die gröbste materielle Form, die das Leben umschließt, sind die Felsen und Minerale. Die Pflanzenwelt gewährt ihm ein wenig mehr Spielraum, der sich noch erweitert, wenn wir das Tierreich betrachten. Die tiefste Form physischen Lebens wird im Menschen sichtbar. Wirklich erlöst und triumphierend zeigt es sich jedoch nur in den erleuchteten Seelen, die das Erdendasein erfolgreich abgeschlossen haben.

Die Bestimmung des Erd-Elementes ist einschränkender Natur, und darin liegt eine Absicht. Nur Beengtheit macht es möglich, dass sich bestimmte Disziplinen entwickeln. Die physische Form besitzt nicht nur die größte Dichte, sondern stellt auch den kleinsten der sieben Körper dar. Die Beschränkungen der physischen Ebene verhelfen dem Gottessucher zu jener Selbstbeherrschung und geistigen Disziplin, die den PFAD bilden.

Das physische Leben geht in zwei Richtungen. Ein Aspekt zeigt sich im Erdenkörper und der andere in der ätherischen Hülle, die dem physischen Augen zwar unsichtbar, aber dennoch Bestandteil der Erdenwelt ist. Diejenigen unter uns, die über viele Leben hinweg einen materiellen Körper angenommen haben, stehen in enger Beziehung zu jenen auf dem ätherischen Entwicklungspfad, die sich parallel in ihren ätherischen Körpern entfalten. Diese unzähligen Wesen, die das Erdreich der Naturgeister bilden, reichen in ihrer Größe von der Winzigkeit eines Insekts bis zur Höhe eines Hügels. Den Bewohnern dieser Welt sollte sich der Mensch näher anschließen. Doch sie akzeptieren seine Gesellschaft nur dann, wenn er Selbstlosigkeit besitzt. Wenn er sein Leben nicht verbessert, trauen sie seiner Freundschaft nicht und wirken seiner Nachlässigkeit und seinem Ehrgeiz entgegen, indem sie ihm Streiche spielen, um so ihr Reich vor ihm zu schützen. Sie wollen keinen Schaden mit ihren Täuschungsmanövern anrichten, doch die Selbstsucht des Menschen treibt sie dazu, ihn in die Irre zu führen, damit er ihre Schätze nicht findet. Sobald der Mensch jedoch erkennt, wie wichtig eine harmonische Zusammenarbeit mit der Natur ist, ändert sich die gegenseitige Beziehung, da er die Bewohner der Ätherwelt zu würdigen lernt. Je weiter er auf seinem eigenen Entwicklungspfad voranschreitet, desto stärker führen und unterstützen sie ihn.

Der Mensch muss lernen, mit den positiven und negativen Aspekten des physischen Körpers weise umzugehen. Trotz seiner Beschränkungen und seiner Begrenzungen vermag man ihn mittels innerer Leitung zu einer soliden Grundlage für die geistige Meisterschaft heranzubilden. Solange wir in dieser Hülle auf Erden wandeln, müssen wir uns bemühen, den Gebrauch dieses Körpers auf das Gute hin auszurichten. Da wir im Gegensatz zu den Luftwesen verhältnismäßig klein sind, können wir natürlich auch nicht deren Stärke, Kräfte, Fähigkeiten und Freiheit erleben. Ihre zarten, biegsamen Körper reagieren in rhythmischen Bewegungen auf den leisesten Hauch. Wir hingegen verfügen noch nicht über die eigene Triebkraft, den Raum zu beherrschen, indem wir uns in Riesen verwandeln. Wir gewinnen am meisten, wenn wir den Bereich unserer Interessen, Herausforderungen und Fertigkeiten auf unsere gegenwärtigen Bedingungen beschränken. Je umsichtiger und zielgerichteter wir in dieser Inkarnation vorgehen, desto rascher werden wir die Reihe unserer Erdenleben abschließen können.

Der Erdenbewohner muss in erster Linie die Tugend der Geduld erlernen. Die lästigen Beschränkungen der physischen Ebene wirken unseren Bemühungen entgegen. Solange wir noch in einer menschlichen Form weilen, müssen wir Vertrauen haben und praktisch, verlässlich, selbstlos und ausdauernd weiterarbeiten. Jeden Tag sollten wir uns sagen: »Ich muss beweisen, dass ich nicht der Sklave meines physischen Körpers bin, sondern sein Herr. Um ihn zur Unsterblichkeit zu führen, werde ich solche Angewohnheiten pflegen und Entscheidungen treffen, die zu seiner Verfeinerung und Transformation beitragen.«

Wir müssen weise mit unserem Körper umgehen, ihn freundlich behandeln und respektieren, denn in ihm vollbringen wir ein zeitloses Werk. Die meisten Atome unserer gegenwärtigen Erdenhülle werden, nachdem wir sie nicht mehr benötigen, in das physische Gewand jener eingebaut werden, die dann auf unserer jetzigen Wachstumsstufe stehen. Wir haben uns dann das Recht verdient, das atomare Gewand jener zu erben, die uns bereits vorangeschritten sind, und es vorübergehend unser eigenes zu nennen, wenn wir wieder auf diesem Erdenplaneten in die Materie eintauchen.

Jeder Sonnenaufgang sollte uns in der Meditation über neue Wege finden, durch die wir unsere Gefühlsnatur läutern und unser Bewußtsein erweitern können. Außerdem sollten wir nach bestem Wissen und Vermögen unermüdlich für die Pflege und das Wohlergehen unseres physischen Körpers sorgen und unserem Schöpfer für dieses wertvolle Geschenk danken.

KAPITEL 11

DIE TÄGLICHE PRAXIS

Das bisher vermittelte Wissen über die sieben Körper, die sieben Chakras, die atomaren Intelligenzen und die vier Elemente besitzt nur geringen Wert, wenn wir es nicht im alltäglichen Leben anwenden. Daher wollen wir uns im Schlusskapitel der Notwendigkeit und dem Zweck zuwenden, diese Kenntnisse im Dienste des Lichtes einzusetzen.

Die unsichtbaren Reiche stehen unserem Wissen kaum zur Verfügung, da wir Menschen uns vorwiegend auf unsere fünf Sinne verlassen. Daher neigen wir dazu, die jenseits des sichtbaren oder hörbaren Bereichs liegenden Tatsachen nicht zu beachten. Obwohl wir an die Existenz solcher Phänomene glauben, schieben wir sie beiseite, besonders wenn es unmöglich wird, sie genauer zu beobachten. Um diesem Mangel abzuhelfen, müssen wir uns als erstes auf die übersinnlichen Wirklichkeiten einstellen.

Obgleich wir keinen sichtbaren Kontakt mit diesen Energiefeldern aufzunehmen vermögen, bleibt uns dennoch das intuitive Erfassen ihres Vorhandenseins. Wir alle kennen das Gefühl völliger Erschöpfung oder sprühender Energie. Gleiches gilt für den Astral- und den Mentalbereich. Unser Bewusstsein reagiert sehr empfindsam auf die Höhen und Tiefen dieser inneren Ebenen. Wir wissen, wenn uns Friede erfüllt oder uns Sorgen und Kummer plagen. Wir wissen, wenn unser Verstand zügig arbeitet oder wenn er sich verzettelt und zu Fehlerhaftigkeit neigt. Wir wissen, wenn wir im Licht des göttlichen Schutzes ruhen oder wenn wir nicht mehr im Einklang mit dem Göttlichen schwingen. Wir spüren ganz einfach unseren jeweiligen Zustand.

Aus diesem Grunde müssen wir täglich unser inneres Bewusstsein ausrichten, indem wir für die Gesundheit aller Körper sorgen. Von Zeit zu Zeit unterliegt einer der niederen Körper bestimmten Prüfungen. Über solche Perioden können wir Buch führen, um den Ablauf zu verfolgen, die Störung zu ermitteln und das wiedererlangte Gleichgewicht. Vielleicht handelt es sich um eine physische Herausforderung, wie mangelnde Energie, einen emotionalen Aufruhr oder einen geistigen Konflikt. Das einzige, was in diesen Zeiten zählt, ist unsere Reaktion darauf, die positiv und aufbauend sein muss, soll der heimgesuchte Körper Nutzen aus der Situation ziehen.

Wir müssen den Gegebenheiten also stets mit einer positiven Einstellung gegenübertreten. Im Falle der sieben Körper konzentrieren wir uns auf eine Verbesserung ihrer Funktionsfähigkeit. Dazu erschaffen wir in unserem Bewusstsein das Bild eines absolut gesunden und aufnahmefähigen Zustandes. Eine derartige Haltung bewegt sich jenseits eines simplen positiven Denkens. Die Einstellung an sich wird lebendig und gelangt dadurch in den Brennpunkt. Wir halten uns das Wohl eines jeden einzelnen Körpers so ausführlich wie möglich vor Augen. Dies gestaltet sich einfacher für die vier niederen Ebenen, da wir eher Zugang zu ihnen finden, doch auch die drei höheren müssen wir mit einbeziehen.

Konzentration ist nichts weiter als eine Form von Bewusstsein. Die wertvollste Gabe Gottes an den Menschen ist Bewusstsein. Dieser schwer fassbare und gleichzeitig so offensichtliche Aspekt unterscheidet uns von allen anderen Geschöpfen auf diesem Planeten. Mittels dieser Fähigkeit sammeln wir Wissen und Informationen, treffen Entscheidungen, lösen Probleme, erinnern uns an die Vergangenheit, blicken der Zukunft entgegen, erfassen intuitiv das Neue und Schöpferische und erleben den Augenblick der Erleuchtung. Alles hängt von unserer Haltung ab, von unserer Einstellung. Eine ängstliche, pessimistische Einstellung zieht uns auf die Schattenseite des Lebens. Eine positive, optimistische hingegen treibt uns in die lichterfüllten Bereiche des Daseins. Wenn wir also unsere Lebenseinstellung ändern, ändern wir uns selbst.

Diese einfache Tatsache zeigt sich am besten am Beispiel des Saulus. Auf seinem Weg nach Damaskus sieht er Christus und verwandelt sich in diesem Augenblick in Paulus. Natürlich verlaufen nicht alle Umwandlungen in solch aufregender Weise, doch wenn wir lernen umzudenken, werden wir uns mit Sicherheit verändern.

Wir können wählen, wie wir eine Situation betrachten. Es hängt nur vom Willen ab. Da unsere Betrachtungsweise oft auf Angewohnheit beruht, erfolgt sie automatisch und ohne bewusste Hinterfragung, denn sie entspringt dem, was wir in diesem Augenblick sind und wie wir leben. Sobald wir die Tatsache der inneren Welten und unserer sieben Körper erkennen, setzen wir eine Reihe von Veränderungen in Bewegung, die unsere Betrachtungsweise zum Willensakt macht. Es liegt an uns, ob wir uns in der Annehmlichkeit der Selbstzufriedenheit sonnen wollen, falls uns das Leben in dieser Hinsicht entgegenkommt, oder ob wir uns über unsere Lethargie erheben und den »Berg Gottes« erklimmen.

Freiheit und *Wille* heißen die Werkzeuge, mittels derer wir selbst die Verantwortung für unser Leben übernehmen und uns auf den Weg machen. Wir müssen uns verpflichten, unserer höheren Natur die Herrschaft zu überlassen. Doch eine solche Entscheidung ruft mit Sicherheit die Gegenreaktion der menschlichen Schattenseite hervor, jener Instinktnatur, die unseren Willen auf die Probe stellt. Dieser Kampf zwischen unserer höheren und unserer niederen Natur wird sich über alle unsere Inkarnationen hinziehen. Aber auch wenn einzelne Schlachten verloren werden, am Ende wird die Seele siegen, denn darin liegt ihre Bestimmung.

Bei diesem Kampf baut das Schattenselbst auf eine wirkungsvolle Taktik - Entmutigung, Projektion und Vernachlässigung. Wir sind entmutigt, weil wir glauben, wir schaffen es nicht. Wir machen andere Menschen oder unglückliche Umstände für unsere Probleme verantwortlich und entziehen uns damit unserer Verantwortung. Manchmal aber vergessen wir unsere guten Absichten sogar ganz einfach. In jedem Falle vermeiden wir es also, dem Schatten offen ins Antlitz zu blicken, was der Seele keinen Nutzen bringt.

Diese verfügt jedoch über ihre eigenen Mittel. Die stärkste Wirkung wird hervorgerufen, wenn wir in Gott ruhen, was wir am intensivsten in der Meditation erfahren. Diese innere Ausrichtung baut eine unmittelbare Verbindung zur Seele und ihrer intuitiven Weisheit auf. Es gibt keinen wirkungsvolleren Weg, richtige Entscheidungen zu treffen und den Willen zu aktivieren. Jeder Augenblick, den wir im Seelenbewusstsein verweilen, bringt uns der Transformation unserer Lebensweise sowie unserer Anerkennung der inneren Welten näher. Flower A. Newhouse gab ihren Schülern dazu folgende Übung: »Eines Morgens, während der Meditation, entdeckte ich einen neuen Weg, der mich den innewohnenden Gottesgeist stärker und klarer erfassen ließ als je zuvor. Es stellte sich heraus, dass es sich im Grunde genommen um eine Technik handelte, die zur Einschwingung auf den Adonai führt. Seither hat die Kontaktaufnahme mit dem inneren Gottesgeist eine zunehmende Erkenntnis der unmittelbaren Gegenwart Gottes bewirkt, die viele, die diese Technik still und intensiv ausgeübt haben, gesegnet hat. Diese Anrufung trägt auch den Namen »Einschwingungs-Übung«. Halte nach jeder Anrufung einen Augenblick inne und stelle dir die Verbindung vor. Beginne wie folgt, indem du gedanklich sprichst:

»Der physische Körper mit seiner ätherischen Hülle ist der Diener des innewohnenden Gottes.

Mein physischer und ätherischer Körper sind mit meinem Astralkörper, dem Schüler des innewohnenden Gottesfunkens, verbunden.

Der Astralkörper ist mit meinem Mentalkörper, dem Jünger des innewohnenden Gottesfunkens, verbunden.

Der Mentalkörper ist mit meiner Seele, meinem Engel-Selbst, verbunden, das dem innewohnenden Gottesfunken gehorcht.

Meine Seele ist mit meinem Adonai, dem Zentrum meines geistigen Willens, verbunden und eins mit dem innewohnenden Gottesgeist.

Mein Adonai ist mit meiner Monade verbunden, der Gottesflamme, meinem innewohnenden Gottesfunken.«

Flower erfuhr später, dass diese Anrufung von einem der Meister stammte, der unter dem Mahachohan wirkt. Seither eröffnete sie ihre tägliche Meditation mit dieser Einstimmung. Abgesehen von dem Wert, den diese Übung im Zusammenhang mit der Verknüpfung der sieben Körper besitzt, bildet sie auch den Rahmen für eine in die Tiefe gehende Meditation, die jeden einzelnen Körper getrennt anspricht und sich mit dessen Haupteigenschaften beschäftigt.

Auf diese Weise erwachen schließlich die Fähigkeiten der Intuition und des sechsten Sinnes. Im Gegensatz zur logischen und rationalen Analyse besteht ihr Wirkungskreis in der Erfassung von Einsichten, Eingebungen und Offenbarungen, die den inneren Welten entspringen und zu denen wir Zugang haben. In diesem Augenblick haben wir die Grenze zwischen der Erkenntnis mittels der fünf Sinnesorgane und der erwachenden Bewusstheit für die inneren Welten erreicht. Letztere öffnet uns die Tore zur inneren Wahrnehmung. Mit den inneren Augen blicken wir hinter den Schleier des Physischen. In diesem Bereich liegen sechs unserer sieben Körper, unsichtbar und für praktische Zweck solange unbrauchbar, bis die intuitive Verknüpfung, die diese Trennung überbrückt, hergestellt wird. Wir vermögen der Intuition nicht wie der Logik zu befehlen, da sie eine Gabe ist, die wir entfalten müssen.

Wachheit und Vorstellungskraft bilden einen guten Anfang. Wachheit ist die Vorstufe zur Bewusstseinserweiterung, in diesem Falle der Erfassung der inneren Welten mit allem, was sie enthalten. Voraussetzung dazu ist die Entwicklung der Vorstellungskraft und die Kunst, in Gedanken Szenen aus diesen Reichen zu sehen. Es bedarf jedoch mehr als nur der bloßen Einbildung, die mit der inneren Wirklichkeit nichts gemein hat. Unsere Empfänglichkeit für die Tatsachen jener Welt spielt eine wesentliche Rolle. Sie erfolgt über die menschliche Aura. Daher müssen wir jede Meditation mit der Bitte um Aufnahmebereitschaft abschließen. Wir dürfen weder ungeduldig sein noch unter dem Druck der Erwartung stehen. Die Antwort kann sich als sichtbares Bild oder als Intuition einstellen. Beides ist gleichwertig. Das Erwachen des sechsten Sinnes macht sich entweder in Hellsichtigkeit oder in intuitiver Erkenntnis bemerkbar. Wir müssen um Schutz bitten, um die wahre Botschaft zu empfangen.

In diesem Zusammenhang wäre es ratsam, ein Tagebuch zu führen, in dem die Stufen unserer geistigen Reise, unserer eigenen Geschichte, schriftlich festgelegt sind. Dabei erkennen wir erstens das Ausmaß, in dem wir willentlich aufgrund unserer Wahl eingreifen können, und zweitens die Grenzen, jenseits derer sich vieles nicht beeinflussen lässt - ob es uns nun gefällt oder nicht.

Dies liegt an unserem karmischen Hintergrund. Wir halten also teilweise unser Schicksal in den eigenen Händen, teilweise ergibt es sich aus unseren karmischen Strukturen.

Anhand unserer Aufzeichnungen können wir unser geistiges Wachstum ebenso verfolgen wie die Zeiten der Dürre, in denen nichts geschah. Dieser Prozess lässt mit der Zeit ein Muster entstehen, anhand dessen wir erkennen können, woran es uns in unserer Arbeit mangelt.

Wir sollten also die Hürden und deren Überwindung auf unserer geistigen Suche niederschreiben, dann werden wir bald neue Aspekte im Bereich unserer sieben Körper entdecken, die mit anderen Facetten in Zusammenhang stehen und zu unserem gesamten Dasein beitragen. Auf diese Weise bewegen wir uns anhand unserer Aufzeichnungen Stufe um Stufe weiter.

Doch ein Tagebuch ist nur ein Auszug aus einer nie endenden Geschichte, die wir lebendig halten, indem wir von den Häfen erzählen, die wir anlaufen, und den Abenteuern auf den sieben Meeren des Lebens. Wir markieren jene Punkte der inneren Welten, die wir berührt und die unser Leben verändert haben. Wie die Seeleute von einst erkunden wir unbekannte Gewässer. Einige unter uns sind uns bereits vorausgesegelt und verkünden bei ihrer Rückkehr, was sie gefunden haben. Wenn wir den Glauben bewahren, werden unsere Aufzeichnungen zu einem Wegweiser in den Raum des Inneren, den nur der erwachte sechste Sinn zu erkunden vermag.

FLOWER A. NEWHOUSE

Die Tore der Weisheit	ISBN 3-922936-28-8
Lichtwesen	ISBN 3-922936-30-X
Schlüssel zum inneren Wachstum	ISBN 3-922936-63-6
Fragen und Antworten 1	ISBN 3-89427-012-8
Im Reich der Erzengel	ISBN 3-89427-106-X
Der Weg der göttlichen Liebe	ISBN 3-922936-43-1
Das Christuslicht	ISBN 3-922936-21-0
Engel und Devas	ISBN 3-922936-17-2
Das Weihnachtsmysterium in geistiger Schau	ISBN 3-922936-02-4
Die Engel der Natur	ISBN 3-89427-073-X